Ana de los mil días: la realización de una epopeya

Por

Jennifer Lafferty

Para Reagan con amor

Contenido

"El gran asunto del rey" se reproduce en la pantalla grande

Ocasionalmente, veremos una representación cinematográfica de eventos históricos que es tan convincente, vívida o inspiradora que reemplaza las ideas que los espectadores tenían anteriormente sobre la historia y las figuras históricas reales. Mirando *Ana de los mil días*, es fácil ver cómo puede suceder esto.

Esta epopeya de Hal B. Wallis de 1969, protagonizada por Geneviève Bujold y Richard Burton, no fue la primera adaptación cinematográfica de lo que se conoció a principios del siglo XVI.[th] siglo como "El gran asunto del rey", y ciertamente no fue el último, pero se ha destacado como la versión por excelencia durante los últimos 50 años.

Es natural dejarse llevar por esta saga trágicamente romántica, estéticamente bella y brillantemente interpretada. La película es entretenida en múltiples niveles. Es casi satírico en algunos lugares, lo cual no es tan infrecuente en los melodramas. Es tentador creer que los momentos humorísticos son intencionales, pero independientemente de cómo surgieron la ironía y la cursi, es útil para ayudar a evitar que la película se vuelva demasiado pesada desde el principio.

El planear adaptar *Ana de los mil días* Fue ideado por primera vez por Wallis mientras filmaba el popular drama histórico de Richard Burton-Peter O'Toole. *Becket*, en 1962. Wallis compararía más tarde las dos

5

películas, señalando que *Ana* estaba en una escala emocional mayor. Se necesitarían siete años para *Ana de los mil días* para llegar a buen término.

Una de las razones por las que tomó tanto tiempo es porque el material se consideró demasiado provocativo para el cine de la época. Además, Wallis, conocido por su gusto impecable y producciones de alta calidad, no estaba dispuesto a hacer concesiones en lo que respecta al reparto ni a la escala del proyecto. Se embarcó en la búsqueda de la actriz perfecta para interpretar a Ana Bolena, lo que le llevó a encontrar a la emocionante recién llegada Geneviève Bujold. Tenía la intención de contratar a Richard Burton, a pesar de tener que esperar hasta que el ocupado actor pudiera hacer tiempo en su agenda.

El paso del tiempo influye en gran medida en cómo esta pieza artística de celuloide de 2h 26m es capaz de eclipsar la historia misma. Estos acontecimientos tuvieron lugar más de cuatrocientos años antes; antes que la fotografía, el sonido grabado o el periodismo moderno.

Durante mucho tiempo, las impresiones del famoso rey y su desafortunada reina tendieron a ser incompletas y unidimensionales, especialmente aquellas que se filtraban al público en general. A excepción de unos pocos eruditos históricos, la mayoría de la gente veía a Enrique VIII como un tirano chauvinista, obeso y exaltado, cuya lujuria insaciable por Ana, presuntamente una tentadora calculadora, lo llevó a abandonar a su esposa, a pesar de las consecuencias de proporciones monumentales, que resultaron en en la ruptura de Inglaterra con la Iglesia Católica Romana.

No es que nada de esto sea evidentemente falso, sino que hay mucho más detrás. La adaptación cinematográfica de Hal Wallis de la exitosa obra de Maxwell Anderson desarrolló los personajes y exploró la complejidad de la historia.

Vemos una versión diferente de Henry; una que a menudo puede parecer muy humana, incluso sensible a veces, y una Anne que puede ser vulnerable y tierna. Hay momentos en los que es posible identificarse con estas personas y encontrar cosas sobre ellas que admirar. Su amor mutuo, aunque fugaz, parece real. Mientras vemos cómo se desarrolla el romance, casi podemos olvidar que la historia tiene un final muy triste y espantoso.

Es una hazaña impresionante que los realizadores y actores hayan podido desviar con tanto éxito la atención de la conocida ejecución de Anne, ordenada por Henry, especialmente porque esto es lo que más recordamos de su relación.

Es necesario que la audiencia permanezca en el momento, porque estamos viendo los acontecimientos a través de los ojos de Henry, Anne y otros personajes que no tenían idea de cómo resultarían las cosas, al menos no hasta que Henry decidió deshacerse de esta mujer, sin la que apenas unos años antes no podía vivir.

Basado en eventos históricos

La verdadera historia de Enrique VIII, Ana Bolena y el impacto duradero que su relación tuvo en el mundo ha inspirado a innumerables escritores durante los últimos quinientos años. Aunque muchos de estos autores se han tomado libertades y han inventado relatos ficticios de lo que ocurrió en la corte Tudor durante este apasionante capítulo de la historia, los acontecimientos históricos reales apenas necesitan adornos para fascinar a cualquier lector, espectador de teatro o cine.

Esta materia prima ha inspirado, y probablemente siempre inspirará, recuentos creativos, pero la obra de Maxwell Anderson *Ana de los mil días* y su adaptación cinematográfica siguen estando entre las mejores hasta el momento.

La tormenta perfecta que llevó a la ruptura de Enrique VIII con la Iglesia Católica Romana y provocó la Reforma Inglesa realmente comenzó a principios de la década de 1520, cuando una encantadora adolescente Ana Bolena, hija del prominente diplomático y político Tomás Bolena y Isabel Bolena, de soltera Howard (hija de el duque de Norfolk), regresó a la corte inglesa después de una larga estancia en Europa, principalmente en Francia, y pronto adquirió varios admiradores masculinos. En los próximos dos años, el propio rey estaría entre ellos.

Durante el tiempo que pasó sirviendo a la reina Claudio, esposa del rey francés Francisco I, Ana se volvió culta, sofisticada y adquirió costumbres notablemente francesas, lo que inicialmente aumentaría su atractivo pero luego aceleraría su caída.

Rodeado de cortesanas que competían por su favor, Henry, que ya había tomado a su hermana mayor Mary como amante, quedó impresionado por Anne, a quien observó como muy singular. Pero no era sólo por ser francófila que Anne parecía exótica.

Anne poseía los dones del ingenio, la astucia y un intelecto superior. El hecho de que mostrara estas cualidades y pareciera tan segura de sí misma, en lugar de revestirse de modestia y humildad como se esperaba que hicieran las mujeres de esta época, hizo que muchos adoptaran una visión crítica de ella. Cuanto más ganaba Ana el favor del rey, más enemigos se hacía y esto se debía, al menos en parte, a su arrogancia.

Cada vez estaba más claro que la reina consorte de Enrique, la reservada y obediente Catalina de Aragón, en muchos sentidos el polo opuesto de Ana Bolena, no iba a dar a luz a un heredero varón sano.

Los numerosos intentos a lo largo de los años habían producido varios bebés nacidos muertos y bebés que no habían vivido mucho. La reina Catalina estaba llegando al final de sus años fértiles y la única hija sobreviviente de la pareja fue la princesa María, a quien se consideraba en gran medida no apta para gobernar, en virtud del hecho de que era una niña.

Al parecer, nadie estaba más en contra de la idea de que un día una mujer liderara la nación que Henry, quien estaba desesperado por engendrar un heredero varón legítimo y sano, pero para lograrlo tendría que disolver su matrimonio. a Catalina.

Profundamente enamorado o enamorado de Ana, el rey ordenó al cardenal Wolsey que le negara el permiso para casarse con Lord Henry Percy. La unión propuesta aparentemente no era un típico matrimonio arreglado, tan común entre la nobleza de esa época, sino un matrimonio por amor.

Naturalmente, Anne estaba molesta porque le prohibían casarse con el hombre que amaba, pero también era muy ambiciosa y con el tiempo se le ocurrió la idea de una relación romántica con Henry, aunque, a diferencia de su hermana Mary, no estaba contenta con ser la amante del rey. Según se informa, ella se negó a consumar su relación durante varios años, al menos hasta que quedó muy claro que Enrique estaba decidido a liberarse de Catalina para casarse con Ana y convertirla en su reina.

La estrategia de Henry para deshacerse de Katherine, para poder casarse con Anne, fue argumentar que su matrimonio con Katherine debería ser anulado, con el argumento de que era incesto a los ojos de Dios, porque ella había estado casada anteriormente con su hermano

11

mayor. Arturo. Este es un aspecto de la historia que se mencionó en la película, pero el relato completo es muy interesante.

Catalina de Aragón, nacida en España, era hija de Fernando II de Aragón e Isabel I de Castilla (sí, la misma reina Isabel que patrocinó el viaje de Colón, que resultó en su descubrimiento de América).

A la edad de 16 años, Katherine fue enviada a Inglaterra para casarse con Arturo, Príncipe de Gales, de 15 años, con el fin de formar una alianza política entre Inglaterra y España.

Era un matrimonio que los padres de Arturo, Enrique Tudor y su reina Isabel de York, deseaban mucho, pero Isabel y Fernando habían dudado debido al muy controvertido reclamo del trono del rey Enrique. Sin embargo, finalmente accedieron y la joven pareja se casó el 14 de noviembre de 1501.

Katherine afirmaría más tarde que el matrimonio nunca se consumó, contrariamente a lo que se suponía en el momento en que los adolescentes se habían acostado, lo que se vio reforzado por un comentario obsceno que Arthur había hecho la mañana después de su boda.

Cuando Arthur enfermó, probablemente a causa de un virus conocido como la "enfermedad del sudor" y murió apenas cinco meses después de la boda, la cuestión de si el matrimonio se había consumado o no se volvió muy importante. Dado que Arturo murió sin descendencia, su hermano, Enrique, que aún no tenía 11 años, era ahora heredero al trono, y su padre estaba ansioso por mantener la alianza con España, por lo que arregló que Enrique se casara con Catalina varios años después.

Como Catalina era viuda de su hermano, esto requirió una dispensa del Papa, que fue concedida basándose en la creencia de que su matrimonio con Arturo no había sido consumado. Esto allanó el camino para que Enrique y Catalina se casaran el 11 de junio de 1509, menos de dos meses después de que Enrique ascendiera al trono, tras la muerte de su padre.

A pesar de la diferencia de edades y el contraste de sus personalidades, la seria Katherine y el juguetón Henry parecían tener una relación relativamente buena. En la primera década de su matrimonio, Katherine dio a luz a al menos seis bebés, incluidos dos, muy esperados varones. Sin embargo, todos estos niños, con excepción de su hija María, nacieron muertos o murieron cuando eran bebés.

Por muy chovinista que pudiera ser en algunas áreas, a Henry parecía gustarle la inteligencia en una mujer. Ana Bolena, como Catalina de Aragón, poseía un intelecto superior que el rey encontró estimulante. Probablemente fue una combinación de su inteligencia, encanto, carisma, sofisticación y juventud lo que atrajo a Henry hacia Anne con tanta fuerza, durante esta época de ansiedad, cuando la esperanza de que Katherine tuviera un heredero varón sano estaba disminuyendo rápidamente.

Algunos argumentan que Henry no era el lascivo sobre el que hemos leído y visto representado en películas durante tanto tiempo, y que tuvo pocas aventuras durante todos los años que estuvo casado con Katherine. Si esto es cierto, añade validez a la teoría de que sus sentimientos por Anne eran más que mera lujuria. Sin embargo, su atracción, o incluso su amor por Anne, claramente no fue su única motivación para solicitar la anulación. Henry ahora tenía lo que le parecía una buena excusa para abandonar a Katherine por una nueva esposa, la "necesidad" de que un heredero varón gobernara su reino algún día.

Henry también es visto como voluble cuando se trata de mujeres, una suposición automática cuando se descubre que tuvo seis esposas; y si bien esto probablemente fue cierto hasta cierto punto, debe recordarse que la mayoría de sus matrimonios terminaron por otras razones.

Durante los dos primeros matrimonios de Henry, se centró en concebir un heredero varón sano, lo cual no sucedió. Su tercera esposa, Jane Seymour, murió a los pocos días de dar a luz. No le agradaba desde el principio su cuarta esposa, Ana de Cleves, con quien se casó por una alianza política y puso fin al matrimonio seis meses después. Esposa no. 5, Katherine Howard, mucho más joven, fue ejecutada después de ser declarada culpable de traición por adulterio, al igual que su prima Ana Bolena. Pero las acusaciones de supuesta infidelidad de Katherine se consideran más creíbles que las formuladas contra Anne. También se presentaron cargos contra Katherine porque no reveló su historial sexual antes de casarse con el rey. La última esposa de Henry, Katherine Parr, le sobrevivió.

Aunque finalmente se cansó de Anne, ella logró mantener su interés durante al menos siete años antes de su matrimonio, que duró tres años. Mirando*Ana de la mil días* No tenemos una idea de cuánto duró la relación de Enrique y Ana, que incluyó los seis años que Enrique pasó intentando convencer al Papa de anular su matrimonio con Catalina para poder casarse con Ana, o de la complejidad total de esta lucha y la Reforma posterior.

Por supuesto, *Ana de los mil días*, no es un documental, sino un largometraje glamoroso y algo ficticio que, según su productor Hal B. Wallis, es principalmente una historia de amor. Evidentemente, fue necesario condensar gran parte de la historia por cuestiones de tiempo. Pero en aras de la perspectiva, es importante que comprendamos que Henry y Anne tuvieron un largo romance y que se basó en algo más que un enamoramiento. También cabe señalar que, a diferencia de algunas dramatizaciones, *Ana de los mil días* No exploró el interés de Ana Bolena por la religión y su apoyo a la Reforma temprana. Esta no solo era una parte importante del personaje, sino que se cree que su ideología también tuvo una influencia significativa en las opiniones de Henry.

La base del caso de anulación de Enrique fue un pasaje bíblico del Levítico que prohibía el matrimonio entre un hombre y la viuda de su hermano. También advierte que tal unión no tendrá hijos, una explicación conveniente de por qué el matrimonio de Henry y Katherine no había producido herederos varones supervivientes, lo que también ayudaría a contrarrestar cualquier eventualidad.[th] sospechas del siglo de que la falta de virilidad por parte de Henry podría ser la culpable del problema. Henry sostuvo que Katherine había mentido cuando dijo que su matrimonio con Arthur nunca se consumó.

El Papa Clemente VII se mostró extremadamente reacio a siquiera considerar la posibilidad de conceder la dispensa que Enrique necesitaba, presumiblemente porque no quería alienar al propio sobrino de Catalina, Carlos V, que era a la vez rey de España y emperador del Sacro Imperio Romano Germánico.

El Papa finalmente permitió que Enrique llevara el caso ante una comisión papal y envió al Cardenal Campeggio, quien era el "protector de Inglaterra" en la Curia Romana. Cuando se hizo evidente que el Papa no iba a conceder la dispensa, Enrique decidió tomar el asunto en sus propias manos.

Enfadado por los fallidos esfuerzos del cardenal Wolsey por negociar con Roma, Enrique lo destituyó como canciller en 1529, reemplazándolo por Sir Tomás Moro, quien sólo aceptaría aceptar el puesto si no tenía que estar involucrado en el divorcio. Wolsey sería arrestado en noviembre de 1530 y acusado de traición, pero murió unas semanas más tarde, tras enfermarse de camino a Londres, para responder a los cargos en su contra. En 1531, Enrique se separó de Catalina y nombró al abogado y político Thomas Cromwell para el círculo íntimo de su consejo. Poco después siguió el consejo de Cromwell de romper con la Iglesia Romana. Posteriormente, Henry fue excomulgado por esta acción.

Aunque se cree que Ana y Enrique no consumaron su relación hasta que viajaron juntos a Francia en el otoño de 1532, para entonces los dos habían estado viviendo muy juntos durante algún tiempo y él la había nombrado marquesa de Pembroke.

Henry y Anne no se casaron hasta que se descubrió que ella estaba embarazada. La pareja se casó en secreto el 25 de enero de 1533. Después de años de espera y preguntas, de repente las cosas sucedieron muy rápidamente. El matrimonio de Henry con Katherine fue declarado nulo en un tribunal reunido por el reformista Thomas Cranmer, quien recientemente había sido nombrado arzobispo de Canterbury. Unos días más tarde, Cranmer proclamó que el matrimonio del rey con Ana era válido, tras una investigación especial.

Ana fue coronada Reina el tercer día de las festividades de su coronación, el 1 de junio de 1533. Catalina fue degradada a Princesa Viuda de Gales. La princesa María ahora era considerada ilegítima como resultado de la anulación, lo que significaba que ya no era la siguiente en la línea de sucesión al trono. El hijo de Enrique y Ana, la futura reina Isabel I, nacida el 7 de septiembre de 1533, era el nuevo heredero presunto.

El nacimiento de la princesa Isabel fue una decepción después de todo lo que Enrique había hecho para tratar de conseguir un heredero varón legítimo. Sin embargo, la reacción de Anne y Henry ante el nacimiento de una hija en lugar de un hijo probablemente fue exagerada, cuando se describe en novelas y películas como *Ana de los mil días*. Henry parecía estar orgulloso de la pequeña Isabel y la exhibía en la corte. Como señalan algunos historiadores, la prueba de que Anne era capaz de dar a luz a un niño sano habría sido un alivio y habría dado a la pareja esperanza para el futuro.

Tendemos a centrarnos en el hecho de que Anne no pudo engendrar un heredero varón (primero dio a luz a una niña y luego sufrió múltiples abortos espontáneos) como la razón de su caída, que llevó a su ejecución. Fue más probablemente una combinación de esto y la lucha que surgió de sus celos por la atención que Henry estaba prestando a otras mujeres, la vergüenza causada por sus arrebatos públicos y los esfuerzos del aliado convertido en enemigo, Cromwell, para destruirla.

Siendo ambos reformistas, Ana Bolena y Thomas Cromwell alguna vez estuvieron unidos por un objetivo común. Cromwell ayudó a Ana a llegar al trono pero, irónicamente, probablemente fue la persona más responsable de su desaparición.

Después de que Ana se convirtió en reina, ella y Cromwell pronto estuvieron en desacuerdo. Hubo acaloradas discusiones públicas y Ana intentó persuadir a Enrique para que no siguiera el consejo de Cromwell en cuestiones de política, en particular la cuestión de cómo distribuir el botín financiero de los monasterios desacreditados. Cromwell quería que el dinero fuera a la corona, mientras que Anne argumentaba que debería donarse a organizaciones benéficas.

Ana también fue bastante descarada en sus ataques a Cromwell, y ordenó que se pronunciara un sermón en la iglesia el Domingo de Pasión de 1536, en el que su limosnero John Skip enfatizó la importancia de que el Rey encontrara sabiduría dentro de sí mismo en lugar de escuchar a los "consejeros malvados"; y habló de Amán, del

Antiguo Testamento, enemigo de la reina Ester, que intentó enviar al tesoro real riquezas que le habían quitado a los judíos, a quienes había perseguido. Al final de la historia, Amán se dirige a la muerte en el cadalso.

Como muchos, antes y después de ella, se podría decir que la arrogancia de Anne fue realmente su perdición. Parece que sobreestimó su propio poder, mientras subestimaba lo que Cromwell era capaz de hacer. Esto es algo sorprendente, considerando la inteligencia y sofisticación de Anne. Pero el sentimiento de su propia importancia como reina consorte de Inglaterra puede haberla cegado ante los peligros de enemistarse con alguien como Cromwell. Esto nos recuerda la expresión moderna tan repetida: *Yo te hice y puedo romperte*, que en gran medida es lo que hizo Cromwell con Ana Bolena.

En *Ana de los mil días*, no vemos estas motivaciones que casi con seguridad tenía Cromwell para querer deshacerse de Anne. En la película, parece ser un hombre ambicioso, que de hecho lo era, cuyo objetivo es complacer al rey, presumiblemente para, en última instancia, promover sus propios intereses.

El tipo de intriga palaciega que ocurrió en la vida real es fascinante e informativa, pero si bien encajaría bien en otro tipo de película, no es realmente necesaria en el contexto de un melodrama romántico como *Ana de los mil días*, como tampoco lo es en la ópera *ana bolena*, que muestra a Henry expulsando a Anne casi por completo debido a su ardiente pasión por Jane Seymour. Aunque la corte de Enrique VIII a veces podía parecerse a una ópera o un melodrama, al final todo se reducía a la política.

Cromwell estaba tan decidido a derrotar a la reina que unió fuerzas con sus enemigos, que ahora conspiraban contra Ana, un grupo de conservadores cuya ideología se oponía a la suya. Entre este grupo estaban los hermanos Seymour, cuya hermana, Jane, ya estaba siendo considerada como un reemplazo agradable para Anne.

Habría parecido absurdo utilizar una excusa basada en algún conflicto religioso para expulsar a Ana, considerando la larga y dura batalla que Enrique había librado recientemente con Roma, al intentar anular su matrimonio con Catalina, por motivos similares. En cambio, Cromwell utilizó la acusación condenatoria de traición.

A finales de abril, Cromwell abandonó la corte durante una semana, probablemente para trazar su estrategia para acabar con Anne de una vez por todas. Utilizaría su comportamiento coqueto, que la había ayudado a ganarse el favor del mismísimo rey, y su costumbre de rodearse de admiradores masculinos, como munición contra ella para demostrar que había cometido adulterio.

Cromwell investigó la conducta de Ana y, según algunas fuentes, pudo haber torcido las palabras o incluso sobornado a testigos para sus propios fines y luego haber presentado la información al rey. Existe una diferencia de opinión entre los historiadores sobre si Enrique quedó inmediatamente convencido o no. Algunos dicen que ordenó a

21

Cromwell que reuniera todas las pruebas necesarias para una condena, mientras que otros argumentan que no se apresuró a darle la espalda a Anne.

Hay muchas razones para creer que Cromwell fue el arquitecto de la caída de Ana. Además de sus obvios y poderosos motivos, el embajador español Eustace Chapuys, uno de los mayores críticos de Ana, dijo que Cromwell era el responsable de lo sucedido. Además, probablemente no sea una coincidencia que la mayoría de los hombres arrastrados al escándalo fueran adversarios políticos de Cromwell y él hiciera arreglos para que dos de sus amigos que fueron arrestados fueran liberados.

El músico de Anne, Mark Smeaton, fue invitado a la casa de Cromwell donde, según los rumores, le torturaron para que confesara y proporcionó los nombres de otras personas. Algunos de los hombres acusados se encontraban entre los amigos más cercanos de Henry, como Henry Norris, a quien se le ofreció el perdón a cambio de una confesión.

Anne fue tomada más o menos por sorpresa, aunque al menos tuvo un presentimiento de que algo andaba mal, al tener una conversación con su capellán Matthew Park el 26 de abril, en la que le pidió que cuidara de Elizabeth si algo le sucedía. El día después de asistir a una celebración del Primero de Mayo con el Rey, durante la cual abandonó abruptamente después de recibir una nota, Anne fue arrestada y encarcelada en la Torre de Londres, junto con su hermano George, quien fue acusado de cometer incesto con ella.

El juicio de la Reina parece haber sido una burla a la justicia. Las pruebas en su contra se basaron en chismes y malas interpretaciones del comportamiento cortesano. Es obvio para los estudiosos de hoy que los jueces eran títeres de Henry, y muchas de sus acciones justo antes del juicio indican claramente que no tenía dudas de que ella sería condenada.

La inteligencia, la sabiduría y la cautela de Anne se reflejaron en la forma cuidadosa en que respondió al interrogatorio durante su juicio. Mostró una gracia notable bajo el fuego mientras negaba con calma los cargos en su contra, pero una vez que la llevaron de regreso a la Torre después de haber sido sentenciada a muerte por alta traición, Anne estalló y se puso histérica.

Cromwell permaneció alerta durante el encarcelamiento de Ana, enviando espías a la torre y haciendo que el agente Sir William Kingston le informara sobre su conducta. Algo que una nerviosa Anne admitió en Kingston, poco después de ser llevada a la Torre, podría haberla incriminado más. Recordó una reciente charla coqueta que había tenido con Henry Norris, en la que se burlaba de su presencia constante en la cámara del Rey, bromeando diciendo que estaba esperando a que Henry muriera para poder tenerla para él solo.

Este tipo de réplica puede parecernos chocante, pero a un nivel 16th En la corte del siglo XIX, donde se fomentaba e incluso se esperaba el coqueteo enérgico, tales palabras no habrían parecido tan escandalosas, al menos no en circunstancias normales. Pero considerando las sospechas bajo las que estaba, bromas provocativas como ésta definitivamente podrían haber hecho que los cargos en su contra parecieran más creíbles.

En un momento, Anne le escribió una carta a Henry. La carta elegante y articulada parece haber sido escrita con la cabeza fría y clara, similar al discurso que pronunció en el juicio justo después de ser sentenciada. Sin embargo, Anne se muestra inflexible al proclamar su inocencia y arremete contra Henry por su crueldad, recordándole que pronto tendrá que rendir cuentas de su comportamiento ante Dios el día del juicio. Ella le ruega que crea que fue una esposa fiel y que, si no está dispuesto a perdonarla, al menos se abstenga de condenar a los hombres inocentes que fueron acusados junto con ella. Se desconoce si la carta no logró hacer cambiar de opinión al rey o si nunca la vio, ya que se encontró entre los papeles de Cromwell.

El 17 de mayo de 1536, George Bolena, Sir Henry Norris, Sir William Brereton, Sir Francis Weston y Mark Smeaton, los cinco hombres declarados culpables de adulterio con la Reina y condenados por alta traición, fueron ejecutados. Ana Bolena fue decapitada en la Torre de Londres el 19 de mayo de 1536. Cromwell, que estuvo presente en la ejecución, pronto se hizo aliado de Jane Seymour, con quien Enrique se casó rápidamente después de la ejecución de Ana.

Henry y Anne tienen la corte en Broadway

Mucho antes*Ana de los mil días* Llegó a la pantalla grande, comenzó en el Teatro Shubert de Broadway, el 8 de diciembre de 1948, como un drama romántico escrito por Maxwell Anderson y puesto en escena por H.C. Alfarero. En esta memorable temporada que contó con los estrenos de clásicos como:*Pacífico Sur, Bésame, Kate,* y*Muerte de un vendedor,* esta obra histórica, ambientada en la Inglaterra Tudor, entre 1526 y 1536, se mantuvo firme, con 288 funciones en 10 meses (con una pausa de dos meses) y obtuvo dos premios Tony.

El tema del 16th La realeza británica del siglo XIX era familiar para el consumado dramaturgo, productor y letrista Maxwell Anderson, que había escrito el drama de Broadway.*Isabel la reina,* que se convirtió en la película de Hal B. Wallis de 1939.*La vida privada de Elizabeth y Essex,*protagonizada por Bette Davis. Su*María de Escocia* También se adaptó a la pantalla grande para la película de Katharine Hepburn de 1936 del mismo nombre.

A principios de los 20th siglo Maxwell Anderson, que nació en Atlantic, Pensilvania, el 15 de diciembre de 1888, ya se había convertido en uno de los dramaturgos más destacados del momento. Cuando era niño, Anderson y su familia se mudaban con frecuencia, debido a la ocupación de su padre como ministro bautista ambulante.

Anderson no centró inmediatamente su energía en escribir para teatro cuando se graduó en la universidad (obtuvo su licenciatura en la Universidad de Dakota del Norte en 1911 y una maestría en Stanford en 1914), sino que decidió trabajar como educador durante varios años.

Luego pasó a escribir para varios periódicos, incluido el *Crónica de San Francisco* y *El Nuevo Globo de York*, convirtiéndose finalmente en redactor editorial de una revista liberal *El Nueva República*. También fundó la revista *El Medida: una revista de poesía* en 1921. La política y la guerra son temas que se pueden encontrar con frecuencia en la obra de Anderson, incluido *Ana de los mil días*, que está lleno de intrigas y maniobras políticas, así como de la amenaza inminente de guerra con España y de guerra civil inglesa.

Si bien sus obras de temática política, como la ganadora del Pulitzer *Ambas casas* A menudo recibió elogios, pero sus declaraciones políticas podían resultar muy perjudiciales para sus otras ocupaciones. Los comentarios propacifistas que hizo a los estudiantes, mientras era director de una escuela secundaria en Minnewaukan, Dakota del Norte, aparentemente llevaron a Anderson a perder su trabajo. Declaraciones similares, unos años más tarde, le costaron su puesto como presidente del departamento de inglés del Whittier College.

Probablemente fue una combinación de las inclinaciones poco convencionales de Anderson y su amor por la poesía lo que resultó en su decisión de escribir muchas obras de teatro en verso blanco. Uno de sus objetivos también era escribir sobre personas que viven según sus creencias a pesar del poder del mal en el mundo que los rodea. Este es un tema que al menos se toca en *Ana de los mil días*, cuando vemos la ejecución del estadista Tomás Moro por negarse a reconocer a Enrique como líder de la Iglesia de Inglaterra porque va en contra de sus creencias. A veces, incluso el propio Henry es representado luchando con su conciencia y orando fervientemente por el perdón.

Otro factor que probablemente atrajo a Anderson a la historia de Ana Bolena fue su afición por la tragedia. También hubo mucho drama y tragedia en la vida personal de Anderson. *Ana de los mil días* se centra principalmente en la infidelidad y el hábito de Henry de saltar de una relación a otra; Dos cosas que Maxwell Anderson habría entendido por experiencia personal.

Anderson se casó por primera vez en 1911 con su novia de la universidad Margaret Haskett. La pareja tuvo tres hijos juntos pero se separaron en 1931, después de que él comenzara una aventura con la actriz casada Gertrude Higger "Mab Anthony". Aunque se ha informado ampliamente que se casaron en 1933, tras la muerte de Haskett, la hija de Anderson con Higger, Hesper Anderson, afirmó que descubrió que los dos nunca estuvieron casados.

La decadencia y más infidelidad dañaron la relación de Anderson y Higger, que terminó cuando él la dejó en 1953, poco después de lo cual Higger se suicidó. Anderson finalmente encontró la verdadera felicidad con su última esposa, la ex actriz Gilda Hazard, con quien estuvo casado desde 1954 hasta su muerte en 1959. Hazard también le brindó el aliento que Anderson, que en ese momento estaba enfermo de salud, necesitaba para escribir su último gran golpe para el escenario, *La semilla mala*, adaptado de la novela de William March.

Hesper Anderson analiza la atmósfera turbulenta de su infancia en sus sensibles memorias. *South Mountain Road: el viaje de descubrimiento de una hija*, que también arroja luz sobre la difícil infancia de su padre. El libro autobiográfico del propio Maxwell Anderson, *Mañana, invierno y noche* — escrito bajo un seudónimo — explora una infancia abusiva. Por lo tanto, no es de extrañar que el dramaturgo gravitara hacia material turbulento y triste. Sin embargo, de vez en cuando probó suerte en la comedia romántica, pero fueron sus obras de teatro y guiones dramáticos por los que es más recordado.

Una de sus aportaciones más valiosas al teatro fue la realización de su sueño de devolver el drama poético a los escenarios, consiguiéndolo, como señala su biógrafo Alfred S. Shivers, con obras como la elogiada *conjunto de invierno*.

Su hijo mayor, Quentin, se hizo un hueco impresionante. Además de ser profesor en la Universidad de Columbia, Quentin se hizo un nombre como crítico, historiador cultural y autor.

Ana de los mil días fue producida por The Playwrights' Company y el legendario agente de Hollywood convertido en productor de cine y teatro Leland Hayward. A principios de año, la exitosa obra de Hayward *Señor Roberts* se había estrenado en Broadway. Sus espectáculos más emblemáticos, entre ellos *gitano* y *El sonido de la musica*, todavía estaban por delante.

El prólogo del primer acto tiene a Anne en la Torre de Londres esperando su ejecución, algo que aún no está segura de que ocurra. Ella está reflexionando sobre su vida con Henry, como lo hace al comienzo de la famosa escena de la Torre hacia el final de la adaptación cinematográfica. A diferencia de la película, el comienzo de la obra establece firmemente a Anne como una combinación de víctima y villana. Recuerda el papel que desempeñó en la ejecución injusta de hombres y ve que puede estar a punto de sufrir el mismo destino que infligió a otros. Volviendo a la vida que compartió con Henry, lucha con la idea de que él realmente pueda matarla, aunque obviamente le resulta difícil aceptar la idea. No puede conciliar la imagen de él en su mente con su papel de verdugo. Ella reconoce cómo han cambiado las cosas entre ellos y se pregunta si sería capaz de matarlo. Admitiéndose a sí misma que tal vez podría matar a Henry, si las cosas fueran al revés, razona que tal vez él pueda matarla.

Su discurso proporciona una visión importante de la relación de Henry y Anne, así como de la composición de sus personajes individuales. Marca el tono de lo que sigue, a diferencia de la película, lo que permite al espectador hacer estos descubrimientos gradualmente y nos da más libertad para interpretar a los personajes como queramos.

Una de las diferencias más llamativas entre *Ana de los mil días* La diferencia entre la versión teatral y la cinematográfica es que la obra dedica mucho más tiempo a explorar los sentimientos de los personajes y a revelar las diversas historias de fondo. Dado que las obras de teatro suelen ser considerablemente más largas y prolongadas que las películas, este es un escenario de lujo que las producciones pueden permitirse. También se recurre más al diálogo en las obras de teatro para transmitir emociones, perspectivas y opiniones que se pueden comunicar en una película, con menos palabras y primeros planos efectivos o una edición inteligente.

La obra examina cómo la influencia de Ana en Henry fue más allá de la pasión que despertó en él y el impacto que tuvo en la vida de la corte. Profundiza más en el alma de Henry y los posibles motivos de sus acciones.

Max Anderson desarrolló tan hábilmente a los personajes con su diálogo reflexivo y esclarecedor que los actores y el director tienen menos carga que quienes trabajaron en una adaptación cinematográfica de la historia para crear estos personajes complejos y con mucho cuerpo.

El Enrique VIII de la obra de Maxwell Anderson era una figura notablemente trágica si se compara con la percepción popular que se tenía de él en ese momento como un demonio alegre y glotón, que Charles Laughton había capturado tan vívidamente en *La vida privada de Enrique VIII* más de 15 años antes. El Henry de Anderson, que puede ser muy serio y reflexivo, es un hombre que, al final de la obra, reflexiona sobre las consecuencias de la ruptura de Inglaterra con

Roma y que sabe que será perseguido para siempre por el recuerdo de Ana, su gran amor, después de ella se ha ido.

Además de sus otros méritos, *Ana de los mil días* es un gran vehículo de actuación. Para aquellos que no tuvieron la oportunidad de ver la interpretación ganadora del Tony de Enrique VIII de Rex Harrison, pero que sí han visto la actuación de Richard Burton, es difícil imaginar la interpretación de Harrison; y que dos actores con estilos tan diferentes podrían haber tenido tanto éxito en el papel.

Burton naturalmente aportó una cualidad romántica a la mayoría de sus actuaciones, incluido, hasta cierto punto, Henry. Lo interpretó como un pretendiente apasionado. Vemos a Enrique VIII no sólo en la lujuria sino también en el amor. *¿Podría ser posible tal cosa?*? nos preguntamos, pero el actor es lo suficientemente inteligente como para convencernos de que es verdad, al menos hasta que se rompe el hechizo cuando la película llega a su fin. Sin embargo, Harrison rara vez parecía romántico, incluso cuando interpretaba al interés amoroso masculino en películas románticas. Podía ser encantador y tenía un atractivo sexual sofisticado, pero el papel de amante apasionado no era su fuerte.

Una cosa que sí tenía en común con Burton era su habilidad para interpretar a hombres de alta cuna, a los que con frecuencia se les presentaba como aristócratas o miembros de la realeza. Harrison tenía una elegancia fácil y una majestuosidad en su comportamiento que lo convertían en un candidato natural para tales papeles.

Rex Harrison, nacido en Huyton, Lancashire, Inglaterra en 1908 como Reginald Carey Harrison, es quizás mejor recordado por interpretar al pretendiente torpe e improbable, como Henry Higgins en *Mi Bella Dama* y el Capitán Gregg en *El fantasma y la señora Muir*. Su personalidad audaz y arrogante estaba en consonancia con la imagen del rey Enrique formada por Charles Laughton y otros a lo largo de los años. Al igual que el verdadero Enrique VIII, Harrison tenía fama de ser un ojo errante y estuvo casado seis veces. Sus dos hijos, Noel (con su primera esposa Collette Thomas) y Carey (con su segunda esposa y coprotagonista frecuente Lilli Palmer) se convirtieron en actores.

Como tantos actores de su generación, Harrison comenzó en el teatro y luego hizo la transición al cine, pero, impresionado por el escenario desde una edad temprana, se unió a una compañía de repertorio cuando solo tenía 16 años y tuvo la oportunidad. perfeccionar su oficio durante años antes de hacer su primera película en 1930 con la película *El gran juego*, y debutó en los escenarios de Londres el mismo año.

Harrison acumuló un currículum impresionante durante los siguientes 18 años, protagonizando películas populares como *Espíritu alegre*; *Tren nocturno a Múnich* y *Anna y el rey de Siam*, así como obras como la de Noël Coward *Diseño para vivir*, antes de protagonizar la producción original de Broadway de *Ana de los mil días*.

Joyce Redman comenzó su carrera en Broadway en el papel principal de la obra de Maxwell Anderson el día antes de cumplir 33 años.tercero cumpleaños. Cuando se metió en la piel de la intrigantemente compleja Ana Bolena, Redman, que se formó en la Real Academia de Arte Dramático, ya se había establecido en el West End de Londres y se unió a la legendaria compañía Old Vic en 1944.

Desde el principio, la pequeña y enérgica pelirroja, con una voz ronca, demostró ser capaz de abordar una amplia gama de géneros, desde la tragedia shakesperiana como Ricardo III de Olivier hasta la fantasía alegre como*Peter Pan*, pero aún no había conquistado Broadway. Disfrutó de un éxito notable en el Reino Unido. Su actuación más impresionante antes de su interpretación de Ana Bolena fue probablemente su aclamada Cordelia en la película de Olivier.*Rey Lear* (1946). Sin embargo, desde su debut en Great White Way en 1946 como Doll Tearsheet en una reposición de*Enrique IV Parte II*, había interpretado principalmente pequeños papeles en repertorio y producciones de corta duración.

Redman, que nació en Newcastle, Northumberland, Inglaterra, de padre británico y madre irlandesa, creció en el condado de Mayo, Irlanda. Comenzó su carrera cinematográfica en 1938, apareciendo en algunos papeles secundarios durante la siguiente década. Si bien su carrera cinematográfica y televisiva fue más impresionante después*Ana de los mil días*, su papel más memorable fue el de la lujuriosa Sra. Waters en la película sexual de 1963.*Tom Jones*, su etapa como Anne fue uno de los momentos más destacados de su carrera, al igual que lo fue para su sucesora, Geneviève Bujold, 20 años después.

Redman se casó poco después con Charles Wynne-Roberts, un ex capitán del ejército británico. *Ana* se estrenó y la pareja tuvo tres hijos, entre ellos el actor Crispin Redman.

Redman se parecía a la verdadera Anne en algunos aspectos, incluidos sus ojos como platos (aunque los suyos eran azules) y su nariz prominente. Tenía un rostro sorprendentemente atractivo, como Geneviève Bujold, pero las dos mujeres eran de tipos diferentes físicamente, excepto por su baja estatura que, irónicamente, difería de Ana Bolena, que era más alta que la media. Otra cosa que Redman tenía en común con Geneviève era su capacidad para ofrecer una actuación fogosa y, en ocasiones, sensual, algo esencial para cualquier actriz que interprete la versión de Anderson de Ana Bolena.

En el papel del prometido de Ana Bolena, Percy, conde de Northumberland, estaba el apuesto actor Robert Duke, cuya carrera estuvo llena de drama histórico y shakesperiano. Poco antes de aparecer en *Ana*, Duke había interpretado un personaje secundario en *Antonio y Cleopatra*. Su próximo papel en Broadway sería París, en una producción de *Romeo y Julieta*.

Interpretando al padre de Ana, Tomás Bolena, estaba el veterano de Broadway Charles Francis, que había actuado en el teatro durante más de 35 años. Su currículum abarca una amplia gama de géneros que incluyen Shakespeare, misterio, comedia, musicales y drama clásico.

Russell Gaige, quien interpretó a Thomas More, tenía poca experiencia en el escenario antes de asumir este papel. Recién se inició en el teatro en 1945. Su papel más destacado previo a *Ana* Fue como el Doctor Chambers en una breve versión de la reactivación de la comedia. *Los Barrett de Wimpole Street.*

María Bolena, hermana de Ana y amante descartada del rey, fue interpretada por Louise Platt, que había aparecido en cinco obras de Broadway entre 1936 y 1941. *Ana de los mil días* marcó su regreso al teatro de Broadway después de una ausencia de siete años. Todas sus obras anteriores tuvieron ejecuciones muy breves. *Ana* Fue su primer y único hit. Del 31 de marzo al 28 de mayo de 1949, Platt también actuó en un melodrama titulado *El traidor,* que fue producida por su marido, Jed Harris. Cuando *Ana* hizo una pausa el 26 de junio de 1949, Platt dejó la obra y no regresó cuando reabrió sus puertas el 21 de agosto.

Uno de los actores secundarios más destacados de *Ana* Fue Percy Waram, de 68 años, nacido en Gran Bretaña, quien interpretó a la figura clave del cardenal Wolsey. Waram tuvo muchos créditos impresionantes durante su larga carrera en los escenarios de Nueva York, que abarca los años 1903-1957. Había interpretado a Sir Walter Raleigh en la película de Maxwell Anderson. *Isabel la reina,* que se estrenó en 1930. Otros aspectos destacados incluyen un papel protagónico como Roger Newcombe en *El difunto George Apley* 1944-45, la producción original de Broadway de 1935 de*Orgullo y prejuicio*, en la que interpretó al Sr. Bennet, y su papel como juez en*El jardín de tiza* (1955-56). Waram también se fue*Ana* permanentemente cuando la producción hizo una pausa.

Wendell K. Phillips desempeñó uno de los papeles más interesantes en*Ana de los mil días*, el cauteloso Thomas Cromwell. Phillips, que también era productor, director y diseñador, llevaba casi 25 años actuando en Broadway cuando*Ana* estrenado. Sus obras más notables incluyeron*Esperando a zurdo* en 1935 y*Muchas mansiones* 1937-38.

En un drama de época que tiene lugar en una corte real, elementos como la escenografía y el diseño de vestuario son particularmente importantes. Jo Mielziner ganaría un Tony por la escenografía de la obra, pero sus elaboradas escenografías originales tuvieron que ser desechadas y reconstruidas durante los ensayos.

El libro*Diseño de Motley* relata los desafíos que enfrentó la diseñadora de Motley Elizabeth Montgomery al trabajar en esta obra. El hecho de que Rex Harrison fuera un tipo tan diferente físicamente de la imagen que tenemos de Enrique VIII, basada en las caricaturas de Holbein y los retratos del rey en sus últimos años, presentó algunas dificultades para Motley, asumiendo que se elegiría a un actor corpulento. Finalmente, en Hollywood hubo que fabricar unas piernas fornidas especiales que costaron 1.000 dólares para que Harrison pudiera disfrazar sus propias piernas delgadas. El pecho y los hombros de Harrison también estaban acolchados. Otro truco que se utilizó para hacerlo parecer más grande fueron las puertas estrechas en el set.

La obra dictaba que Henry apareciera con una amplia gama de disfraces, incluida ropa deportiva, vestimenta de corte y ropa informal. Elizabeth Montgomery se inspiró en pinturas y descripciones del traje Tudor. Harrison y Redman tuvieron 28 cambios de vestuario. Para que los cambios se pudieran realizar rápidamente, el diseñador creó un dispositivo que podía poner o quitar los disfraces. El cambio de escena de la coronación sólo tomó 30 segundos.

Esta producción original de Broadway de *Ana de los mil días* cerró el 8 de octubre de 1949. Habría múltiples reposiciones de la obra, incluidas varias durante las dos primeras décadas de la década de 2000.

Hal B. Wallis, que entonces ya era un poderoso productor de Hollywood, vio *Ana de los mil días* en 1949 y lo aprecié, pero si bien este es el tipo de proyecto que se presta fácilmente a la pantalla grande, se necesitarían 20 años para que comenzara la producción de su épica adaptación cinematográfica.

Hal B. Wallis también conocido como El hacedor de estrellas

Es sorprendente saber que el mismo pragmático duro y franco que se hizo un nombre produciendo películas de gánsteres en la década de 1930, fue también la fuerza impulsora responsable de traer *Ana de los mil días* a la pantalla grande. Si bien Hal Wallis obtuvo muchos éxitos con fotografías terrenales de acción y aventuras, tenía un repertorio versátil y un gusto amplio. Algunas de las mejores películas que produjo fueron melodramas como *ahora viajero*, y uno de los romances más populares de todos los tiempos, *Casablanca*.

Hal Wallis era un auténtico anglófilo, enamorado de la cultura británica. Hal, un estudioso autodidacta de la historia británica desde su infancia, estaba ansioso por compartir historias del fascinante pasado de Gran Bretaña con los cinéfilos. Debe haber sido muy gratificante cuando la Reina Isabel II quedó tan impresionada por sus esfuerzos después de una actuación del Comando Real de *Ana de los mil días*, ella le dijo que sus películas les enseñaban sobre la historia de Inglaterra y lo honró con el título de Comandante del Imperio Británico unos años más tarde.

El primer intento serio de Wallis de adaptar la historia británica a la pantalla grande fue *La vida privada de Elizabeth y Essex*, estrenada en 1939. Dos décadas después, todavía le gustaba el drama histórico y estaba seguro de que los cinéfilos también, a pesar de que amigos y asociados intentaron persuadirlo de lo contrario. Estaba decidido a hacer la jugada. *Becket* en una película a pesar de la insistencia de los ejecutivos de Paramount de que la historia, centrada en el monumental choque entre la Iglesia y el Estado entre los antiguos amigos el arzobispo de Canterbury Thomas Becket y el rey Enrique II, no era comercialmente viable en ese momento. Convenció a Paramount para que le permitiera hacer la película y le explicó que la vestiría con hermosos trajes y locaciones, como lo haría más tarde con *Ana de los mil días*.

Nominada a una docena de premios Oscar, la aclamada *Becket* (1964), protagonizada por Peter O'Toole como el libertino Enrique II y Richard Burton como su amigo convertido en adversario Thomas Becket, impulsó a Wallis a satisfacer aún más su interés por la historia británica con una serie de epopeyas históricas que incluían *Ana de los mil días* y *María, reina de escocia*.

A lo largo de sus memorias de 1980, *Starmaker: La autobiografía de Hal Wallis*, hay indicios de que estaba preocupado por el dinero pero, por supuesto, la frugalidad es un rasgo casi esencial que debe tener un productor de cine. Si estaba demasiado preocupado por las finanzas, probablemente se debía, en gran parte, a las dificultades de su infancia y a la falta de seguridad financiera que le hizo necesario empezar a trabajar a una edad muy temprana para ayudar a mantener a su familia.

Harold Brent Wallis nació en Chicago el 14 de septiembre de 1899 de madre polaca y padre ruso, ambos inmigrantes judíos. Hal tenía dos hermanas mayores, Minna, que eventualmente se convertiría en una de las agentes más poderosas de Hollywood, y Juel, que se casó con el guionista Wally Kline.

Su padre, que trabajaba como sastre, desperdició su modesto salario y los Wallis luchaban continuamente para pagar las cuentas. Su padre abandonó a la familia cuando Hal era un adolescente y fue durante este período que estaban en tan mala situación económica que tuvo que dejar la escuela a los 14 años para conseguir un trabajo como oficinista. Los tres hijos de Wallis trabajaron para mantener a la familia y Hal, que se vio obligado a crecer rápidamente, tuvo que asumir muchas responsabilidades a una edad temprana.

Ambicioso y emprendedor desde el principio, el joven Hal Wallis pronto se distinguió como uno de los mejores vendedores en una empresa de equipos eléctricos y rápidamente se abriría camino en la industria del entretenimiento después de mudarse a California con su familia poco tiempo después. Se vieron obligados a mudarse a la soleada costa oeste debido a la mala salud de su madre.

Hal se inició en el negocio cinematográfico gracias a su hermana Minna, quien se había convertido en una valiosa asistente de Jack Warner e incluso tenía la tarea de realizar castings para películas en Warner Bros. Ella ayudó a su hermano menor a conseguir un trabajo como gerente de una sala de cine local y Más tarde organizó una presentación para Sam Warner, quien lo contrató para trabajar en el departamento de publicidad.

Cuando todavía tenía poco más de 20 años, Hal se convirtió en director de publicidad del estudio y pasó a ser gerente de producción de First National, propiedad de Warner, a finales de la década. Después de su breve degradación a productor, cuando los dos estudios se fusionaron, Hal fue elegido para ocupar el puesto de Ejecutivo a cargo de producción para los estudios combinados, que dejó vacante Darryl Zanuck, quien había dejado de dirigir lo que se convertiría en Twentieth Century. Zorro.

Durante su ascenso a la cima, se casó con la popular comediante del cine mudo Louise Fazenda en 1927 y la pareja tuvo un hijo juntos, Brent Wallis.

Como muchos grandes productores, Hal Wallis fue un visionario. Tenía buenos instintos y un don para ver posibilidades en materiales y artistas únicos. Su trayectoria en el descubrimiento y cultivo de personalidades de la pantalla fue impresionante, convirtiendo en estrellas a Bette Davis, Edward G. Robinson, Errol Flynn, Dean Martin & Jerry Lewis, Humphrey Bogart, Shirley MacLaine, Burt Lancaster, Kirk Douglas; y lanzar la carrera cinematográfica de Elvis.

Hal fue una de las pocas personas que pudo imaginar el potencial de la poco conocida obra de teatro. *Todo el mundo viene a Rick's*, destinada a convertirse en el largometraje clásico de la pantalla grande, *Casablanca*.

Creía en el proyecto y estaba decidido a convertirlo en la mejor película posible.

Aunque tendía a ser un hombre tímido y reservado que no parecía buscar activamente la atención, como algunos productores de renombre, obtener crédito por sus logros era importante para él. Entonces, cuando Jack Warner le quitó su momento de gloria al subir al escenario para aceptar el Oscar a la Mejor Película de Hal por*Casablanca* en 1943, asestó un golpe fatal a su asociación empresarial, que ya estaba en problemas. En ese momento, Hal había dejado su puesto de jefe de producción, un trabajo que lo había dejado exhausto y le había privado de una vida hogareña, y había vuelto a ser productor. Pero Jack Warner incumplió su trato de permitirle elegir primero cualquier material adquirido e interfirió con las producciones de Hal.

Con la intención de tener control sobre las películas que hacía, Hal dejó Warner Bros. a mediados de la década de 1940 y se convirtió en un productor independiente de gran éxito, formando su propia compañía que se asoció durante muchos años con Paramount y más tarde con Universal.

Nunca desaprovechó la oportunidad de producir el tipo de películas simples y alegres que podrían ser lucrativas en taquilla, como su serie de comedias excéntricas de Martin y Lewis y la cursi serie de películas que hizo con Elvis en la década de 1960. Sin embargo, este hombre de negocios duro y astuto también era un artista de corazón apasionado por películas significativas y emocionalmente convincentes, como:*Regresar*,*La pequeña Saba*;*Fila del Rey*;*El tatuaje de la rosa*; y*El hacedor de lluvia*.

Comienzo En la década de 1930, realizó con entusiasmo importantes películas biográficas como*La vida de Emilio Zola* y*Juarez*. Su amor por la historia y su deseo de contar las historias de personajes históricos impactantes persistieron. A lo largo de su obra se encuentran películas inspiradoras sobre personas reales y sus logros. Cuando Hal Wallis decidió traer el libro de Maxwell Anderson*Ana de los mil días* En la pantalla grande, él mismo había hecho contribuciones monumentales a la historia de su propia industria y era una especie de leyenda del mundo del espectáculo.

La producción original de Broadway de*Ana de los mil días* Causó una fuerte impresión en Hal. Encontró que el tema era poderoso y reconoció su potencial en la pantalla. Cuando estaba produciendo*Becket*Muchos años después, él y Richard Burton comenzaron a discutir la posibilidad de hacer la versión cinematográfica. Según Hal, Richard era fanático de la obra y ansioso por volver a trabajar con el productor, lo instó a comprarla.*Ana de los mil días* y protagonizarlo en la adaptación cinematográfica. Si esto es cierto, resulta más que un poco irónico teniendo en cuenta lo opuesto que se mostró Richard a hacer la película sólo unos años después.

Hal se sorprendió al saber que el director de Paramount, Charles Bluhdorn, no quería seguir el éxito de*Becket* con otra epopeya histórica

44

protagonizada por Richard Burton. Estaba furioso con Richard por algo que había sucedido cuando a Richard le pidieron que hiciera la voz en off y la introducción de una de las películas de Bluhdorn. Inicialmente, el actor había aceptado hacerlo por poco dinero, pero cuando llegó el momento de proporcionar la narración, Richard añadió la estipulación de que sólo grabaría el material si Bluhdorn le compraba a Elizabeth Taylor un par de pendientes de diamantes y esmeraldas. A ella le gustó. Bluhdorn estaba tan enojado que no quiso comprar los aretes y se negó rotundamente a dejar que Richard trabajara en Paramount después del incidente. Los esfuerzos de Hal por cargar la mente del ejecutivo fueron inútiles, por lo que decidió poner fin a su larga asociación con Paramount y llevar el proyecto a Universal.

Hal tenía un problema con el guión para el que había contratado a Bridget Boland. *Ana de los mil días.* Sintió que era demasiado pesado y estudioso, por lo que John Hale lo reescribió, pero el guión aún necesitaba trabajo y todos los herederos de Max Anderson tenían que estar de acuerdo antes de que se pudiera entregar la propiedad. Los familiares del difunto autor discutieron durante meses hasta que Hal se encargó de mejorar el guión cortando y transponiendo escenas hasta que fuera satisfactorio.

Cuando el director de televisión Charles Jarrott lo recibió en su hotel de Londres, al productor le tomó simpatía al instante. El inglés inteligente y lúcido con su barba estilo Tudor incluso le pareció a Hal alguien que parecía podría ser miembro de la corte de Enrique VIII. Quedó impresionado por el trabajo que Charles había hecho en televisión, con proyectos como *La joven Isabel* y *Dr. Jekyll y Sr. Hyde.* A pesar de la poca experiencia que tenía con el cine, Hal se arriesgó y lo contrató para dirigir. *Ana.*

Obviamente, se necesitaría alguien especial para interpretar a Ana Bolena y cuando llegó el momento de elegir el papel, Hal se tomó su tiempo. Al darse cuenta de que ninguna de las actrices más conocidas de la época era adecuada para el papel, emprendió una búsqueda exhaustiva de la mujer adecuada, alguien con la juventud y la fuerza necesarias. Ya se había sentido decepcionado muchas veces después de conocer actrices que no cumplían con los requisitos, cuando el agente de Genevieve Bujold lo llamó para hacerle saber que tenía a la chica perfecta para interpretar a Anne, pero Hal estaba desesperado, así que le dijo que trajera imágenes de ella. a su sala de proyección.

Cuando vio cien metros de la película más reciente de Geneviève, quedó inmediatamente cautivado por ella. La imagen que ella proyectaba era una sorprendente dicotomía. Parecía frágil y pequeña, pero debajo había una fuerza de acero, intensidad y pasión. Creyendo que ella era justo lo que estaba buscando, Hal aceptó contratar a la desconocida virtual sin una prueba de pantalla. Cuando finalmente se conocieron, mientras ella estaba en un viaje promocional en Hollywood para su película, se agradaron y él tuvo claro que su impresión inicial de ella había sido correcta. Estaba convencido de que Geneviève sería una Ana Bolena ideal.

Para el papel de la primera reina de Enrique VIII, Catalina de Aragón, Hal eligió a la dinámica y reconocida actriz griega Irene Papas. Seleccionó actores de carácter británicos de primer nivel para los papeles más pequeños. Le resultó fácil realizar el casting en Inglaterra porque, como explica en sus memorias, el país estaba lleno de grandes intérpretes.

Ansioso por que los trajes y las joyas usados en la película parecieran totalmente auténticos, Hal trabajó estrechamente con la consumada diseñadora de vestuario Margaret Furse, quien replicó la ropa que usan Henry y Anne en las pinturas de Holbein.

Se vio obligado a hacer concesiones en lo que respecta a las ubicaciones. En algunos casos, sus planes de rodar en localizaciones reales se vieron frustrados, ya que no pudieron conseguir el permiso necesario para rodar en Hampton Court, el lujoso palacio que fue residencia del cardenal Wolsey y luego de Enrique VIII. El rodaje en Windsor se suspendió porque se consideró demasiado ruidoso. Sin embargo, tuvieron la suerte de poder utilizar el castillo de Hever, la casa de la infancia de Anne. En ese momento, Hever pertenecía a Lord Gavin y Lady Irene Astor y su familia, quienes cooperaron mucho al permitir que la filmación se llevara a cabo en el castillo. Hal y su esposa incluso se hicieron amigos y pasaban los fines de semana en la finca.

Como productor que normalmente se involucraba en todos los aspectos de sus películas, la mayoría, si no todo, de lo que admiramos de *Ana de los mil días* se remonta a Hal Wallis. Desde sus esfuerzos por mejorar el guión hasta encontrar la actriz perfecta para interpretar a Ana Bolena, la gran atención que prestó para garantizar que la película tuviera el aspecto correcto y mucho más, él fue la persona más responsable del éxito de la película. Estuvo a la altura de su propia definición de un verdadero productor, alguien que desempeña muchas funciones y desarrolla una producción de principio a fin, de acuerdo con su concepto de cómo debería resultar.

Siguiente *Ana*, Hal hizo sólo otros dos dramas históricos: *María, reina de Escocia* (1971), nuevamente con Charles Jarrott, y *El caso Nelson* (1973). Su última película supuso una vuelta al género western que tan bien conocía, con la popular película de John Wayne. *Gallo Cogburn* (1975), la secuela de *Verdadero valor*.

Después de la muerte de su esposa Louise en 1962, Hal se enamoró de la actriz mucho más joven Martha Hyer, quien coprotagonizó su película. *Los hijos de Katie Elder*. Los dos se casaron en 1966 y tuvieron una vida feliz juntos, permaneciendo casados hasta la muerte de Hal Wallis por complicaciones de diabetes en 1986. Hoy en día se le recuerda como un productor legendario de la Edad de Oro del cine.

De la obra de teatro al guión

La obra de Maxwell Anderson fue adaptada a la gran pantalla por Richard Sokolove con guión de John Hale y Bridget Boland.

El escritor y productor Richard Sokolove, nacido en 1908, no tenía una larga lista de créditos cinematográficos a su nombre, pero los proyectos en los que había trabajado eran variados. Había coescrito la comedia dramática sobre tiempos de guerra de 1946.*El magnífico pícaro* y luego, a principios de la década de 1960, escribió ocasionalmente para dramas televisivos, incluida la serie de detectives de Blake Edwards.*Peter Gunn*y una serie de antología basada en historias del*Publicación del sábado por la noche*, que se tituló*El Lo mejor del post.*

Entre sus trabajos acreditados como escritor, Sokolove trabajó como productor asociado en la farsa de comedia musical de junio de 1956 de Allyson-Jack Lemmon.*No puedes huir de ello.* La única experiencia profesional que tuvo con el drama histórico de la pantalla grande fue el trabajo que hizo como productor asociado en una película de Genghis Khan llamada*El conquistador* (1956), protagonizada por John Wayne en el papel principal.

John Hale, nacido en Woolwich, Londres, en 1926, dramaturgo que adquirió una considerable experiencia escribiendo para la televisión británica, en los años previos a*Ana de los mil días*, a partir de mediados de la década de 1960, con series como la*Obra de la semana de ITV* y el*Teatro ITV*.Varios de los episodios que escribió para estas series fueron adaptaciones de historias de D.H. Lawrence.

Hale también escribió la serie de la BBC de 1967.*El traidor de la reina*, sobre una conspiración para destituir del trono a la reina Isabel I. En los siguientes años, Hale trabajaría en múltiples dramas históricos, centrándose en la dinastía Tudor, tanto para la pantalla grande como para la pequeña.

Aunque comenzó tarde su carrera como guionista, Hale rápidamente encontró el éxito y también se convirtió en un destacado novelista, escribiendo el thriller de espionaje.*El Denunciante*, que se convirtió en la película de 1986 protagonizada por Michael Caine. Además de escribir, Hale actuó ocasionalmente en la pantalla y se desempeñó como director en la Old Vic School.

Bridget Boland fue la guionista más exitosa en la que trabajó*Ana de los Mil Días*.Nacida en St. George's Hanover Square, Londres, en 1913, y educada en Oxford, Boland era hija del político irlandés John Boland y su esposa Eileen. Escribió o coescribió varias películas, entre ellas:*luz de gas* (1940);*El prisionero*; y*Guerra y paz*. También fue una destacada dramaturga y novelista.

Aunque la obra de teatro para*Ana* había sido escrita por Max Anderson, la perspectiva de una mujer, como la de Boland, fue sin duda beneficiosa para el guión, considerando que se trataba principalmente de la historia de Anne. Sin embargo, ella no era, de ninguna manera, una autora estereotipadamente femenina. Se adelantó a su tiempo al demostrar que podía escribir sobre temas tradicionalmente masculinos como intrigas políticas, acontecimientos históricos y guerras, lo que hizo en numerosas ocasiones a lo largo de los años.

Boland sintió que se diferenciaba de la mayoría de las autoras en que tendían a tener éxito escribiendo historias basadas en personajes ambientadas en el país, mientras que ella no estaba interesada en escribir sobre la vida doméstica y, en cambio, prosperaba escribiendo dramas pesados.

En un sentido, *Ana de los mil días* es algo así como un cuento doméstico, pero definitivamente no es típico del género; y gran parte de la historia se centra en la política y el drama serio que se adaptaba bien a la habilidad de Boland. También parece apropiado que Ana Bolena, ambiciosa e independiente, que no se ajustaba al ideal femenino sumiso de su época, tuviera una autora poco convencional como Boland que la ayudara a contar su historia.

El guión provocó reacciones encontradas. Richard Burton fue muy crítico con el diálogo, pero la Academia de Artes y Ciencias Cinematográficas quedó lo suficientemente impresionada con el guión como para nominarlo al Oscar.

Cualquiera que fuera el guión no producido sobre el papel, funcionó espléndidamente en el marco de una epopeya romántica y de vestuario. Una película ambientada en el siglo XVI.[th] La corte real británica del siglo XIX fácilmente podría parecer seca y sofocante, pero el gran dramatismo de este guión, parte del cual se traslada de la obra de teatro, proporciona destellos de emoción que mantienen el interés del público en todo momento. También hace que la historia sea accesible a un amplio grupo demográfico.

Al adaptar la propiedad a la pantalla grande, se realizaron algunos cambios significativos y posiblemente el más importante fue cambiar el enfoque principal de la historia de Henry a Anne. Esto se refleja incluso en el final de la película, después de la muerte de Anne. A diferencia de la obra de teatro que le da la última palabra a Henry, en la escena final de la película, la pequeña Elizabeth camina por un sendero de los jardines del castillo de Penshurst y escuchamos una voz en off, un fragmento del discurso de Ana desde la Torre, en el que ella predice que Isabel será una gran reina algún día.

Ana de los mil días es en gran medida un drama de personajes, que ofrece mucho material jugoso para que los actores puedan hincarle el diente, y esto se debe en gran parte al guión. El colorido diálogo, rayano en lo cursi a veces, y los personajes provocativamente dibujados pero refrescantemente humanos ayudan a crear una oportunidad para que tanto Richard Burton como Geneviève Bujold desarrollen caracterizaciones memorables. Como resultado, la película destaca, sobre todo por sus actuaciones.

Richard Burton como Enrique VIII

Richard Walter Jenkins nació el 10 de noviembre de 1925 en la ciudad minera de Pontrhydyfen, en el sur de Gales. el era el 12th de 13 hijos de Richard "Dic" Jenkins y su esposa, la ex Edith Thomas. Su padre era un minero de carbón, conocido por ser un gran bebedor, al igual que muchos de sus compañeros, pero también por su amor por la poesía y el lenguaje. Su madre era una mujer fuerte y religiosa que trabajaba duro para cuidar de su gran prole, ganando dinero para alimentar a sus hijos haciendo dulces y lavando ropa.

El joven Richard, normalmente llamado "Rico", tenía sólo dos años cuando su madre murió, poco después de dar a luz a su hermano Graham. Rich fue confiado al cuidado de su hermana Cecilia "Cis", de solo 21 años en ese momento, y de su recién casado esposo Elfred, que vivía en la cercana ciudad de Port Talbot; mientras que Graham fue enviado a vivir con su hermano Tom y su esposa.

Durante una entrevista con Dick Cavett en 1980, Richard dijo que, aunque aparentemente había estado muy apegado a su verdadera madre cuando era niño, no tenía ningún recuerdo de ella más adelante. Parecía aceptar a Cis, quien tendría dos hijas, como su nueva madre.

Cis y Rich realmente se adoraban. Según el libro de 2010. *Amor furioso: Elizabeth Taylor, Richard Burton y el matrimonio del siglo*, cuento autobiográfico de Richard de 1965 titulado *Una historia de Navidad* hace comparaciones obvias entre su dulce y sorprendentemente bella hermana de cabello negro azabache y su segunda esposa, Elizabeth Taylor. Sin embargo, su relación con Elfred, a quien le molestaba lo mucho que Cis adoraba a su brillante y ya encantador hermano menor, podía ser muy tensa.

Tuvo una infancia generalmente feliz, muy querida y a menudo mimada por sus numerosos parientes. Cuando era niño parecía más interesado en los deportes que en las artes escénicas, pero prestaba mucha atención a los sermones teatrales de la iglesia a los que asistía, criticando a los ministros en su diario, a veces incluso imitándolos en broma para su familia en sermones simulados; y durante un tiempo le dio a su hermano menor Graham la impresión de que realmente podría ingresar al clero. Curiosamente, interpretó memorablemente a hombres del clero varias veces durante su carrera, siendo el más famoso el clérigo expulsado, el Rev. Dr. T Lawrence Shannon en *Noche de la Iguana*.

Amante de los libros de toda la vida, también escribió y, años más tarde, elaboraría varios artículos de su diario y los publicaría en revistas. Parecía haber sido un niño trabajador y diligente, que asumía una variedad de trabajos ocasionales para ganar dinero durante la era de la Depresión.

Cuando Richard era adolescente, Elfred insistía en que consiguiera un trabajo real en lugar de continuar su educación, por lo que comenzó a trabajar como empleado en una mercería, pero odiaba la experiencia.

Al cabo de un par de años, uno de sus antiguos profesores, que había reconocido, entre otras dotes, un potencial en Rich para el teatro, le ayudó a volver a la escuela. Otro profesor, Philip Burton, que participaba en producciones radiofónicas y teatrales locales, se convertiría en su mentor.

Philip Burton eventualmente se convertiría en su tutor y tendría un efecto inestimable en su protegido. Enseñaría extensamente a Rich en Shakespeare, le daría entrenamiento vocal y mejoraría su inglés, un idioma que el niño de habla galesa no había aprendido hasta los seis años, pero que llegó a amar.

A los 17 años se mudó a la casa de huéspedes de Philip, algo que preocupó a la familia de Rich, dadas sus sospechas sobre la sexualidad del soltero de mediana edad, pero se tranquilizó con la reputación de la casa de huéspedes, en la que habitaban una viuda y su dos hijas.

Philip Burton era, de hecho, homosexual y se ha sugerido que el hombre mayor estaba enamorado de su estudiante adolescente. Aunque Rich eventualmente experimentaría con la homosexualidad, se cree que esta relación en particular era platónica.

La ayuda de Philip en su preparación para el teatro le ofreció a Rich un boleto para salir de las minas de carbón, lo que probablemente habría sido su destino de otro modo, al igual que su padre y sus hermanos mayores, en lugar de ser impulsado hacia su destino como uno de los mejores escenarios del siglo. actores de pantalla.

El recién nombrado Richard Burton obtuvo una beca para el Exeter College de Oxford. Seis meses después se unió a la fuerza aérea británica, sirviendo como oficial en la RAF durante el final de la Segunda Guerra Mundial.

Richard ya había tenido éxito en el teatro antes de asistir a Oxford, cuando apareció en Emlyn Williams.*El descanso del druida*. Richard afirmaría más tarde que fue una buena crítica que recibió mientras la obra estaba en Londres la que cambió el curso de su vida, colocándolo en el camino definitivo para convertirse en actor profesional.

Rápidamente se haría un nombre con actuaciones memorables en obras como*La dama no es para quemar* y*El chico del carro*. Por esta misma época, lanzó su carrera cinematográfica con un papel en el drama de 1949.*Los últimos días de Dolwyn*, conociendo en el set a su futura esposa, la actriz galesa Sybil Williams, de 19 años.

Como actor de teatro cautivador, lograría elogios generalizados y, en un momento, fue visto como el próximo Laurence Olivier. En su mejor momento, Richard se convertiría en esa rara combinación de brillante actor de teatro y estrella de cine icónica. Sin embargo, a menudo fue criticado después de mudarse a California y firmar un contrato con Fox, por descuidar el teatro para centrarse más en películas, que incluían clásicos como el romance gótico de 1952.*Mi prima raquel* junto a Olivia de Havilland y la epopeya bíblica*El Túnica* en 1953.

Logró mantener su popularidad en el escenario, particularmente cuando interpretó al Rey Arturo en el musical de Broadway de 1960.*camello,*retomando el papel 20 años después para el resurgimiento. Su Hamlet en la producción de 1964, puesta en escena por John Gielgud, se encuentra entre las actuaciones más legendarias de la historia de Broadway.

A pesar de lo famoso que se volvió Richard Burton a lo largo de los años, algunos creen que no alcanzó todo su potencial de grandeza como actor debido a su notorio consumo excesivo de alcohol, que lo atormentaría durante la mayor parte de su vida. En realidad, fue Elizabeth Taylor, percibida más como una estrella de cine que como una actriz seria en ese momento, quien fue en gran medida responsable de ayudar a Richard a establecerse como un gran artista del cine, así como del teatro. Fue ella quien lo animó e incluso insistió en que aceptara papeles en proyectos de prestigio que mostraran su talento como*Aldea* en Broadway y las películas*Noche de la Iguana* y*Becket*.

Cuando Richard reemplazó al actor Stephen Boyd como Marc Antony en la épica de 1963, problemática y excesivamente presupuestaria.*cleopatra*, él y su enérgica pero típicamente sensata esposa Sybil habían estado casados durante más de una década y eran padres de dos hijas: Katherine "Kate", nacida en 1957 y Jessica en 1959. Pero sus vidas pronto dieron un vuelco por su escandaloso romance con su coprotagonista casada Elizabeth Taylor, que sacudió al mundo y prácticamente dio a luz a los paparazzi.

Richard, cuya combinación de magnetismo animal y encanto poético lo hacía irresistible para multitudes de mujeres, admitió que las aventuras no eran nada nuevo para él. Sybil había llegado a aceptar su desenfrenada infidelidad, confiando en que él siempre volvería con ella. Pero la ardiente relación que tenía con Isabel rivalizaría con la pasión de los propios Antonio y Cleopatra.

Richard y Elizabeth eran muy parecidos: personalidades grandes y carismáticas. Ambos eran intensos, complejos y compartían una fuerte inclinación por el alcohol. Estaba acostumbrada a salirse con la suya, pero prefería hombres fuertes como Richard, que no dudarían en enfrentarse a ella.

Su tormentosa y muy pública vida juntos fue como una epopeya romántica en la pantalla grande. También era el único de sus siete maridos que estaba en el mismo nivel de celebridad que ella. Durante el transcurso de su relación, su salario superaría al de ella. Por lo tanto, no quedó atrapado a su sombra y etiquetó al Sr. Elizabeth Taylor como sus predecesores.

Al principio, "Liz y Dick" pueden haber parecido simplemente dos estrellas de cine llamativas y escandalosas que revolotean por el mundo de una aventura decadente a otra, pero su relación pronto elevó la estatura artística de ambos. Richard tuvo oportunidades de demostrar su destreza como actor a gran escala, mientras que para ella, ser esposa y frecuente coprotagonista de este aclamado actor con su impresionante trayectoria en el teatro, provocó que el público tomara a Elizabeth más en serio como actriz. .

Uno podría pensar que cuando el éxito de Richard finalmente eclipsó al de Elizabeth a finales de la década de 1960, ella se habría sentido resentida, pero aunque había sido una estrella durante la mayor parte de su vida, esta nueva dinámica le sentaba sorprendentemente bien a Elizabeth. Estaba más que dispuesta a dejar que su carrera tuviera prioridad sobre la de ella. Se había sentido incómoda durante los matrimonios en los que ella era el principal sostén de la familia.

Elizabeth tenía tres hijos de uniones anteriores más una hija, María, a quien había adoptado con Richard, y muchos años antes había expresado la opinión de que era más importante centrarse en ser madre que en actriz. Más recientemente había dejado claro que estaba feliz de ser la "Sra. Aparejo".

Teniendo en cuenta la personalidad de Elizabeth como una sirena voluble y destructora de hogares y la reputación de Burton como un mujeriego en serie, la amenaza de infidelidad habría parecido una preocupación válida para cualquiera que tuviera una relación romántica con cualquiera de ellos. Richard y Elizabeth pelearon tan apasionadamente como amaban, con peleas comparables a escenas de su película de 1966.*¿Quién le teme a Virginia Woolf?*

Para el momento*Ana de los mil días* comenzó la producción en la primavera de 1969, habían pasado más de siete años desde el inicio de la historia de amor impulsada por el drama que condujo a su matrimonio en 1964. La pareja había permanecido tan loca, obsesiva y tiernamente enamorada el uno del otro, que era Es difícil imaginar, a pesar de la larga lista de relaciones anteriores que cada uno había disfrutado, que alguien pudiera interponerse entre ellos. Y, sin embargo, los celos eran mutuos para esta poderosa pareja ultra glamorosa.

Elizabeth tenía un historial de comportarse como si estuviera seriamente amenazada por las principales damas de Richard. Cuando coprotagonizó con su antiguo amor, Claire Bloom, en 1965*El espía que surgió del frío*, su malestar era muy evidente para la propia Bloom, quien más tarde escribió sobre ello en sus memorias de 1995. Pero Elizabeth parecería sentirse aún más amenazada por la decisión de Richard.*Ana de los mil días* interés amoroso, la encantadora, joven y efervescente Geneviève Bujold.

Unos meses antes de asumir el papel de Enrique VIII, compró para Isabel una perla en forma de pera llamada La Peregrina, que había pertenecido a la hija de Enrique VIII, la reina María I. Estaba engastada en un collar de rubíes y diamantes. Richard pagó 37.000 dólares. Sin embargo, esta extravagante chuchería ni siquiera se acercó a la pieza de joyería más cara que le compró, que sería el famoso diamante de 69,42 quilates que le costó a Richard 1,1 millones de dólares en 1969 y que posteriormente pasó a ser conocido como el diamante Taylor-Burton, que También se convertiría en un collar.

Los Burton navegaron a Londres en su yate Kalizma en mayo de 1969 para comenzar el rodaje de *Ana de los mil días*. Cuando llegaron, atracando el barco, justo afuera de la Casa del Parlamento, se creó un gran frenesí entre los secretarios que estaban de pie en las ventanas mirándolos boquiabiertos.

Richard se había preparado a regañadientes para el proyecto durante las últimas semanas, investigando y dejándose barba, mientras él y Elizabeth estaban de vacaciones en su amado Puerto Vallarta con sus hijos. Pero sentía tan poca motivación que Elizabeth tuvo que hacerle aprender sus líneas. Richard no se mostró entusiasmado con su papel, sintiendo que Enrique VIII no era un personaje desafiante para un actor. También fue muy crítico con los diálogos del guión, considerándolos faltos de sutileza y de mala calidad. Pero como alguien que amaba la poesía y atesoraba la gran literatura, sin duda tenía altos estándares.

Durante sus dos horas de viaje diario desde el estudio hasta Kalizma, intentaba encontrar formas de hacer que el papel fuera más interesante de interpretar. Se decidió por la idea de hacer del rey un hombre encantador pero demoníaco, que pudiera enfurecerse rápidamente.

Henry era conocido por tener un temperamento terrible, un rasgo que tenía en común con Richard, quien no era ajeno a la furia. El cinismo y la extrema inteligencia que aportó al papel también eran cualidades que el propio Richard claramente poseía. Y ya sea intencionalmente o no, hizo que Henry fuera sexy, o al menos más sexy que la imagen que el público tenía anteriormente de este notorio monarca.

Una cosa que las actuaciones de Richard y Geneviève tenían en común era que ambos retrataban a sus personajes como sorprendentemente francos, una cualidad que, con toda probabilidad, ni Henry ni Anne habrían mostrado muy a menudo. Eran productos de su entorno. La diplomacia, la sutileza y la adulación eran rasgos arraigados en aquellos criados en las cortes reales de Europa en esta época. Hay evidencia de que Henry y Anne eran propensos a utilizar un enfoque inteligente e ingenioso para expresarse en lugar del tono directo y terrenal que vemos en estas interpretaciones de los personajes o el diálogo escrito para ellos.

Como señaló Richard mientras hacía prensa para la película, esta versión de Enrique VIII fue creada por Maxwell Anderson y otros, en lugar de ser una verdadera representación histórica. Al analizar interpretaciones anteriores de Enrique VIII, Richard elogió el poder de la memorable interpretación de Charles Laughton. Pero dejó claro que no estaba tratando de hacer el personaje como lo había hecho Laughton, ni lucir el papel. En cambio, su enfoque fue interpretar a Henry como una especie de extensión de sí mismo.

En la película *Ana de los mil días* Henry no fue tan torturado como en el trabajo original de Anderson. El discurso final lleno de arrepentimiento tras la muerte de Anne, que podría haber ayudado a Richard a conseguir el Oscar, quedó fuera de la adaptación cinematográfica. Este Henry terminó siendo una mezcla interesante entre el colorido y codicioso narcisista que tan bien conocemos y el hombre más humano y complejo de la obra de teatro.

El verdadero Enrique VIII era atractivo, atlético y encantador en su juventud. Sólo durante sus últimos años se convirtió en el tirano hinchado y furioso que sería su legado. Si bien la actuación de Richard nos dio una visión fugaz del monstruo en que se convertiría Henry, fue más bien un prototipo para las representaciones modernas de Henry, como la encarnación de Jonathan Rhys Meyers para series de televisión. *Los Tudor*.

En el contexto de una entrevista en el set de *Ana*, Richard afirmó que encontraba fascinante a Henry, incluso comparándolo con Hamlet, aunque a mayor escala. Repasó una amplia variedad de adjetivos que podrían usarse para describir a Henry, desde despiadado hasta melancólico y brillante.

Es difícil decir qué tan sincero fue en estos comentarios, después de todo, estaba promocionando la película, por lo que tenía todas las razones para hacer que Henry sonara lo más emocionante posible. Sin embargo, es probable que después de encontrar una manera de hacer que el personaje fuera más estimulante, Richard hubiera llegado a apreciar a Henry más que en los primeros días de producción.

Quizás la señal más convincente de que el papel estaba creciendo en él fue cuando mencionó el hecho de que el rey Tudor era en realidad anglo-galés, como él. Sabiendo lo orgulloso que se sentía Richard de ser galés, este podría ser un gesto revelador.

Aunque Elizabeth había sido considerada demasiado mayor para interpretar a Anne y solo terminó con un cameo en la película, Richard creía que habría sido maravillosa en el papel. Es fácil imaginarla como la mujer fatal luchadora y de carácter fuerte. La química y el fuego entre Richard y Elizabeth que eran evidentes, tanto en sus vidas personales como en la pantalla, habrían funcionado muy bien en esta película; pero con dos personalidades tan importantes, la dinámica de la película se habría alterado significativamente.

Si bien la verdad sobre los sentimientos personales de Richard hacia la actriz franco-canadiense Geneviève Bujold, quien finalmente fue elegida como Ana Bolena, es, en el mejor de los casos, turbia, su química en pantalla y su interpretación de Ana son nada menos que mágicas.

Tras su aclamada actuación nominada al Premio de la Academia en *Ana de los mil días*, la carrera cinematográfica de Richard Burton sufrió una crisis, ya que apareció en muchas películas olvidables durante la siguiente década. Sólo estaría nominado a un Oscar más después *Ana de los mil días* y fue por Mejor Actor en un Papel Protagónico en la película de 1977.*Equus*, que perdió.

Uno de los muchos honores que recibió fue el de CBE (Comandante del Imperio Británico) en el Palacio de Buckingham, en su 45.th cumpleaños en 1970. Creía que la razón por la que no le concedieron el título de caballero era porque había cambiado su residencia de Londres a la ciudad suiza de Céligny para evitar pagar impuestos.

Otros aspectos destacados de su carrera en sus últimos años incluyen la película de acción y aventuras de 1978.*Ganso salvaje*, que fue un gran éxito en Europa, la miniserie de televisión*wagner*, coprotagonizada por Laurence Olivier, y una actuación muy elogiada como O'Brien en su última película.*1984*.

Richard y Elizabeth coprotagonizaron*Divorciarse de él − Divorciarse de ella*, en 1973, justo antes de su divorcio en la vida real. Por supuesto, la famosa pareja se volvió a casar en 1975 sólo para divorciarse nuevamente menos de un año después. Volvieron a formar equipo en el escenario para una reposición de Broadway de*Vidas privadas* en 1983. Estuvo casado con la modelo y actriz Suzy Hunt, 1976-1982. La última esposa de Richard fue la asistente de producción Sally Hay desde julio de 1983 hasta su muerte 13 meses después.

Aunque estuvo en el carro durante gran parte de su matrimonio con Suzy Hunt, a quien se le atribuyó el mérito de mantenerlo sobrio, el notorio historial de abuso de alcohol de Richard afectó profundamente su salud. Murió de una hemorragia cerebral el 5 de agosto de 1984 a la edad de 58 años.

Hasta el final, parecía que las dos caras de Richard Burton, el erudito, poético y brillante actor shakesperiano y el deslumbrante y libertino playboy de Hollywood competirían por el predominio ante la opinión pública. En realidad, es la combinación de todas estas cosas lo que lo hace tan fascinante. A la edad de 50 años, Richard Burton dijo que el mejor papel que jamás haya interpretado fue su propia vida.

Geneviève Bujold como Ana Bolena

Al borde de la fama internacional, Geneviève Bujold, de 27 años, no soportaba verse interpretando el papel principal en *Ana de los mil días* en la primera proyección para la prensa en 1969. Había tenido cierto éxito como actriz en el cine francés y en su país natal, Canadá, pero Geneviève era prácticamente desconocida en Estados Unidos.

Esta lujosa película de Hal B. Wallis, en la que interpretó a una reina frente a la realeza de Hollywood, Richard Burton, bien podría ser su gran oportunidad. Aunque Geneviève aún no había visto esta película, que podría cambiar su vida para siempre, decidió quedarse en su hotel durante la proyección y solo regresó después para mezclarse con los invitados en el vestíbulo del teatro.

Además de que no le gustaba el sonido de su propia voz, sabía que no estaría en condiciones de hablar con la gente después de la proyección si tuviera que verse actuando en una película tan basada en la interpretación como ésta. Finalmente vio la película en la casa de Hal Wallis unas noches después. Pero no fue hasta que vio *Ana de los mil días* Por segunda vez, cuando se proyectó en una actuación del comando real, pudo relajarse y disfrutar de la imagen.

Si bien Geneviève siempre ha sido franca sobre sus miedos e inseguridades, también reconoce fácilmente su fortaleza, y debe haber sido necesaria una gran voluntad para que la muy ambiciosa joven actriz rechazara la solicitud de Hal Wallis de una prueba de pantalla, muchos meses antes, cuando la estaba considerando para el papel de Ana Bolena.

Dio la casualidad de que decirle no a Wallis fue la mejor decisión que pudo haber tomado, porque el tipo de espíritu que demostró al negarse a hacer la prueba de pantalla le recordó a Anne, a ella misma, y el papel pronto fue suyo.

La actuación que despertó el interés de Wallis era de la película canadiense.*Isabel* en la que Geneviève interpreta al personaje principal, una mujer que cree que se está volviendo loca porque empieza a ver fantasmas.*Isabel*fue escrita y dirigida por su entonces marido, el cineasta canadiense Paul Almond. Ya la había dirigido en varios episodios de la serie de televisión.*Festival,*así como la película*Entre agua dulce y salada*en 1967.

Desconocida para el público estadounidense y viviendo en el extremo este de Montreal en ese momento, se sorprendió enormemente al recibir una llamada de Hal Wallis, quien lo supo después de ver imágenes de*Isabel* que había encontrado a la protagonista femenina de su próxima gran película. Sabía lo importante que era el cineasta Wallis y lo que podría significar para su futuro como actriz protagonizar una de sus películas, pero no tenía forma de saberlo.*Ana de los mil días*, y su actuación en él, definirían su carrera más que cualquier otro proyecto.

Geneviève Bujold creció en un mundo muy diferente de aquel en el que se encontraba ahora. Nació el 1 de julio de 1942 en Montreal, Quebec, en una familia de clase trabajadora devotamente católica, principalmente de ascendencia francocanadiense con un poco de irlandés. Su padre, Joseph, trabajaba como conductor de autobús y su madre, Laurette, era empleada doméstica en la casa de infancia de René Lévesque, estreno en Quebec entre 1976 y 1985.

Geneviève fue educada en el muy estricto convento de Hochelaga, lo que le dejó una impresión emocional duradera. Fue una época sombría para Geneviève, en la que intentó aferrarse a la esperanza de encontrar la luz en el mundo del más allá. Al hablar de su experiencia en la escuela de monjas, en un informe de 1978 *Gente* En una entrevista para una revista, describió cómo había aprendido a sentirse culpable por muchas cosas y que, aunque ya no era tan propensa a la culpa como antes, todavía podía ser un problema.

Teniendo en cuenta que llegaría a ofrecer algunas de sus actuaciones más memorables como mujeres rebeldes en la pantalla, parece apropiado que un acto de desafío fuera responsable de su salida de la escuela durante sus 12 años.[th] año, cuando fue expulsada tras ser sorprendida leyendo una novela provocativa que no era de la biblioteca del convento. Probó en otra escuela de monjas pero tuvo un enfrentamiento con una de las monjas.

Al reflexionar sobre su familia en años posteriores, expresó admiración por sus padres y estuvo claramente influenciada, cuando era joven, por su estilo de vida conservador. Su hermana mayor también causó una gran impresión en Geneviève cuando era niña, sobre todo por su inteligencia excepcional, que Geneviève podía encontrar intimidante.

Como la mayoría de las adolescentes de su generación, uno de sus pasatiempos favoritos era escuchar discos de Elvis Presley, aunque en su caso no podía entender la letra porque no habló inglés hasta los 18 años.

También interesada en el ballet y el teatro, Geneviève se inclinó por la actuación desde una edad temprana. Tras salir de la escuela del convento, se matriculó en el Conservatorio de Arte Dramático de Montreal, donde estudió artes dramáticas clásicas francesas.

Obtuvo su matrícula para el conservatorio trabajando como acomodadora en un cine de Montreal. Esta experiencia también fue beneficiosa para ella porque tuvo la oportunidad de estudiar actuación en Hollywood. Justo antes de graduarse, abandonó el Conservatorio de Arte Dramático para aceptar un papel en una producción teatral local de *El barbero de Sevilla*, cuando tenía 19 años.

Por esta época también hubo un breve matrimonio con una estudiante de biología, del que rara vez se menciona. La unión sólo duró 18 meses, y Geneviève admitió más tarde que fue sólo por el beneficio de una relación física legalmente reconocida.

Una vez que se convirtió en actriz, las cosas sucedieron rápidamente para Geneviève, quien apareció en varias series de televisión y películas durante los siguientes años. Mientras estaba de gira en Francia con una compañía de teatro de Montreal, aceptó un papel en la película. *La guerra se acabó* (*La guerra se acabó*), dirigida por Alain Resnais, cuya madre se la había recomendado.

El drama político, que presentaba a Geneviève junto a Yves Montand, fue seguido rápidamente por otra película francesa, la farsa de tiempos de guerra de Philippe de Broca. *Rey de Corazones*, protagonizada por Alan Bates como Charles, un soldado británico en la Primera Guerra Mundial, que intenta evacuar a los pacientes de una institución mental que creen que él es su rey. Ofrece una actuación maravillosa como Coquelicot, una chica encantadora e inocente que seduce tiernamente a Charles.

Durante mucho tiempo se hizo referencia a Geneviève como una mujer infantil y, en el papel de Coquelicot, aprovecha al máximo su melancolía y vulnerabilidad naturales. Es esta misma cualidad infantil, realzada por su pequeña estatura y su rostro travieso, lo que la ayudó a equilibrar la dureza y la voluntad de hierro que pronto proyectaría en el papel de Ana Bolena.

Rey de Corazones No fue un gran éxito cuando se estrenó por primera vez en 1966, pero se convertiría en un clásico de culto, e incluso se presentó en el mismo teatro de Cambridge, Massachusetts, durante cinco años en la década de 1970.

Siguiente Geneviève interpretó al interés amoroso en la comedia dramática criminal de Jean-Paul Belmondo*El ladrón de París* del aclamado cineasta Louis Malle. Uno de sus proyectos más notables durante este tiempo fue la película para televisión estadounidense.*Saint Joan*, en la que interpretó a Juana de Arco. La actuación le valió elogios de la crítica y una nominación al Emmy.

Al ver las muchas apariciones luminosas de Geneviève en la pantalla, es obvio que la cámara la ama, y por los sentimientos que expresó sobre la actuación en la pantalla hasta*Tiempo*, el amor es mutuo. No se siente completamente viva hasta que está frente a una cámara. Ella enfatiza cuán completamente te ve la cámara. Para Geneviève la cámara ofrece una mezcla de seguridad y libertad. Ella señala que es imposible fingir ante la cámara, pero deja en claro que ella misma no tiene necesidad de fingir.

Geneviève también estaba disfrutando de una vida personal llena de acontecimientos durante este período, ya que se había casado con su novio de dos años, Paul Almond, y había dado a luz a su hijo Matthew en 1968. No fue hasta que se enteró de que estaba embarazada. que la pareja decidió casarse. Este fue uno de los momentos de su vida en los que la educación tradicional de Geneviève prevalecería sobre su independencia y su estilo de vida inconformista.

En esta era de revolución sexual, cuando actrices famosas comenzaban a tener hijos abiertamente fuera del matrimonio, ella estaba ansiosa por darle a su hijo una sensación de seguridad y protegerlo del ridículo que todavía provocaba la ilegitimidad. Además, quería evitarles cualquier dolor a sus padres, por lo que eligió una vida más convencional.

Sin embargo, el matrimonio terminó en 1973. Geneviève diría que fue ella quien lo puso fin, cuando se enamoró de otra persona. Parecía tener una relación cercana con Matt, a quien crió sola durante varios años en Malibú, luego del divorcio.

Quedó devastada cuando Matt decidió regresar a Canadá para vivir con su padre a la edad de nueve años. Pero Geneviève se llevaba lo suficientemente bien con su exmarido como para seguir trabajando en proyectos con él muchos años después de su separación.

Geneviève sintió que era una pizarra en blanco, al entrar en *Ana de los mil días*. Pero parecería que la pizarra ya tenía inscritas algunas de las cualidades más imborrables atribuidas a la propia Anne, incluidas, entre otras, su marcada independencia y su tendencia a ser obstinada, dos características que ella reconocía en sí misma. Esto último fue evidente para Richard Burton durante su primer encuentro en París, poco antes de que comenzara el rodaje.

Si hubiera un aspecto de *Ana de los mil días* Lo que la distinguió de muchas otras películas biográficas de Ana Bolena y del típico drama histórico fue la inolvidable actuación de Geneviève Bujold: su lucha, efervescencia, ardiente sensualidad y su originalidad. Ella dio vida a la

Ana Bolena de nuestra imaginación, la mujer que creemos que fue o debería haber sido.

A pesar del increíble talento que la rodeó en esta película, los brillantes actores veteranos, especialmente su icónico protagonista masculino, esta fue ante todo la película de Geneviève y no solo porque la historia se centrara principalmente en Anne. Dentro de ese papel particular en ese entorno, ella era el centro de atención, brillando más que nadie o cualquier otra cosa.

Es difícil creer la idea de que Richard Burton, en la cima de su carrera, pudiera haberse sentido amenazado por este joven ingenuo que todavía era en gran parte desconocido fuera de Canadá, pero considerando su inteligencia, instintos y su estado de alerta para ser eclipsado aunque sea ligeramente por otros actores. Probablemente notó su carisma y su capacidad para dominar a veces sus escenas juntas.

Una indicación de que su actuación dinámica puede haber provocado algún tipo de inseguridad en Richard es el hecho de que él criticó su voz en más de una ocasión, comentando en su diario lo mucho más poderosa que era su voz y que podía superarla. proyectarla simplemente susurrando. Ésta es un área en la que debe haberse sentido muy seguro de sí mismo. Después de todo, ¿cuántos actores podrían haber competido con la voz profunda, resonante y melosa de Richard Burton?

Richard podría criticar en privado a Geneviève de varias maneras, incluidas sus comparaciones desfavorables de ella con Elizabeth Taylor, quien pensó que habría sido mejor en el papel, sintiendo que, aunque Geneviève sería adecuada, el papel requería más fuego y brillo. de lo que ella podría aportar.

Pero a pesar de los defectos que encontró en ella, Geneviève y Richard parecían llevarse bien la mayor parte del tiempo. En una entrevista con *Mojo de taquilla*, compartió buenos recuerdos de su trabajo con Richard Burton, recordando cómo él recitaba versos cuando un grupo de ellos iban a almorzar juntos. También lo elogió mucho cuando aceptó su premio Globo de Oro, por *Ana*.

Es probable que en otra película Richard hubiera eclipsado a Geneviève, pero ese era su momento. Hay una razón por la cual esta actuación se destaca entre las docenas de otras que ha realizado a lo largo de los años. Este es el papel que asociamos instantáneamente con ella, y no es sólo porque *Ana de los mil días* es una gran película; es porque la interpretación de Geneviève de Anne, por encima de todo, la hace genial.

Geneviève se toma muy en serio su preparación como actriz. También considera importante permanecer abierta en su trabajo. Después de leer un guión que permanece con ella, incorpora todas sus observaciones de su vida diaria al papel que se está preparando para desempeñar. En la entrevista con *Mojo de taquilla*, Geneviève habló de toda la ayuda que tuvo para prepararse para*Ana de los mil días*, que incluía un entrenador de actuación.

Geneviève amaba y admiraba el personaje que interpretaba. Investigó mucho sobre Ana Bolena y dijo en una entrevista durante el rodaje que deseaba haberla conocido. Dijo que sentía que conocía a Anne, lo cual es fácil de creer al verla interpretar el papel. La actuación de Geneviève demuestra una profunda comprensión del personaje.

La historia de Ana Bolena ha sido dramatizada muchas veces, pero nadie ha interpretado a Ana de manera más convincente en la pantalla que Geneviève Bujold. Ella nos hace apoyar a Anne a pesar de la reputación tan difamada de la reina caída. Pero su interpretación de Anne es compleja. En lugar de la puta coqueta y oportunista del rey, o una de las víctimas legítimamente casadas de Enrique, ella es un ser humano multidimensional que, en un momento, puede ser tan formidable como el propio Enrique y al siguiente tan vulnerable como un niño.

Hal Wallis quería elegir inmediatamente a Geneviève como otra figura histórica que encontró su fin en el cadalso, María Estuardo, en la película.*María, reina de escocia*(1971). Pero como acababa de interpretar a una reina, no estaba preparada para volver a ocupar su lugar en el trono tan pronto y también le preocupaba que la encasillaran. Geneviève, en cambio, decidió volver a formar equipo con Irene Papas en otro drama histórico de 1971.*Mujeres troyanas*.

Vanessa Redgrave pasaría a desempeñar el papel principal en*María, reina de escocia*, junto a Glenda Jackson, quien fue elegida para interpretar a Isabel I. Charles Jarrott dirigió la película, que se ha denominado una secuela de*Ana de los mil días*. La negativa de Geneviève a protagonizar la película resultó en una demanda con Universal. Sin embargo, tiene una larga historia de elegir papeles por razones artísticas más que por potencial comercial y se contenta con vivir con sencillez.

Para cumplir su contrato con Universal, eventualmente coprotagonizaría la epopeya del desastre de 1974.*Terremoto*. Otros aspectos destacados de su carrera incluyen: el misterio del hospital de 1978*Con el*, coprotagonizada por Michael Douglas, la película de Sherlock Holmes*Asesinato por decreto* (1979) con Christopher Plummer y el thriller de 1988*Campaneros muertos*, junto a Jeremy Irons.

En 1980, a la edad de 37 años, dio a luz a su hijo Emmanuel Claude Bujold, cuyo padre es el carpintero Dennis Hastings, socio de Geneviève desde 1977. La pareja se conoció cuando Hastings estaba construyendo su casa.

El 1 de junio de 2018, Geneviève recibió el Premio de Artes Escénicas del Gobernador General, que es el honor más prestigioso que se puede otorgar a un artista escénico en Canadá. Ella todavía trabaja, cuando surge el proyecto adecuado, aplicando la misma dedicación y consideración a sus roles de siempre. En los últimos años coprotagonizó con Bruce Dern el drama.*Fronteras del Norte* (2013) y en la premiada*Coro*(2015).

Parecería que Geneviève Bujold y Ana Bolena se deben mucho la una a la otra. Gracias a su papel de Anne, Geneviève fue lanzada al estrellato de Hollywood. De la noche a la mañana se abrió un mundo nuevo para la poco conocida actriz francocanadiense. Cincuenta años después, el personaje sigue siendo el más recordado por el público estadounidense.

Como figura histórica, Ana Bolena se ha beneficiado enormemente de la actuación de Geneviève porque ayudó a humanizarla, después de siglos en los que Ana fue principalmente un símbolo de varias cosas: propaganda antiprotestante, mujeres intrigantes, zorras, ambición, una víctima de la tiranía de Enrique VIII. .

Geneviève nos hizo ver a Anne como alguien por quien podíamos preocuparnos, incluso con quien podíamos identificarnos en cierto nivel. Convirtió rasgos que antes se consideraban defectos en cualidades dignas de admiración. Su Anne era fuerte, decidida, inteligente, valiente y segura de sí misma.

Un elenco impresionante de jugadores secundarios

Ana de los mil días Tenía un elenco de apoyo excepcional. Eran actores muy talentosos y carismáticos que eran capaces de mantener la atención del público en lugar de pasar a un segundo plano cuando interpretaban una escena con una de las estrellas. Esto fue más que los trucos de los actores a los que aludió Richard Burton cuando describió los desafíos que enfrentó al tratar de evitar ser eclipsado por sus compañeros de reparto.

Todos los papeles secundarios estuvieron bien elegidos.*Ana de los mil días,* desde los actores clave hasta los papeles secundarios, pero fue Anthony Quayle quien dejó una huella indeleble en la película, como el astuto y calculador cardenal Thomas Wolsey, arzobispo de York y Lord Canciller de Inglaterra. Wolsey es el asesor de confianza de Enrique desde hace mucho tiempo y el hombre más importante de Inglaterra después del propio rey, pero su poder es finalmente usurpado por Ana Bolena, quien lo considera un enemigo. Aunque no se pretende que Wolsey sea agradable, Quayle, que interpreta al personaje de manera impecable, es capaz de provocar simpatía por él cuando es necesario y humanizar a Wolsey, como lo hace Geneviève Bujold con Anne.

John Anthony Quayle nació el 7 de septiembre de 1913 en Ainsdale, Inglaterra. Aunque su padre, un abogado de Lancashire, era un devoto del teatro y llevaba a su familia a ver todas las compañías de gira que llegaban a la ciudad, se esperaba que Anthony tuviera una carrera en el negocio familiar de drogas. Sin embargo, su falta de aptitud para la física o la química le dejó claro a Anthony que ese no era su campo; y decidió que sólo podría tener éxito escribiendo o actuando.

Fue en Vaudeville donde Anthony hizo su debut teatral en 1931, pero rápidamente se graduó en teatro propiamente dicho y se unió al Old Vic Theatre en 1932, donde se convirtió en un excelente actor shakesperiano. Mientras estaba de gira con el Old Vic interpretó a Laertes en *Aldea* y protagonizó el papel principal de *Enrique V*. Su primera obra en Nueva York fue en *La esposa del campo* en 1936. Poco después de servir como mayor de artillería en la Segunda Guerra Mundial, regresó al escenario en *Los rivales*.

Anthony amplió su carrera en esta época, dirigiendo *Crimen y castigo* antes de distinguirse como director del Shakespeare Memorial Theatre en Stratford Upon-Avon en 1948. Tuvo gran éxito en la gestión del teatro y permaneció en el cargo hasta 1956.

Aunque Anthony incursionó en el cine desde el principio, no estableció realmente una carrera en pantalla hasta la década de 1950, cuando apareció en películas como Hitchcock.*El hombre equivocado* (1956) y el drama romántico de 1957 *Mujer en bata*. Al mismo tiempo, trabajó frecuentemente en televisión.

Su película más notable antes de *Ana de los mil días* era *Lawrence de Arabia* (1960), en la que interpretó al coronel Brighton. Si bien se destacó por su versatilidad y actuó en una amplia gama de películas, desde romance hasta thrillers de suspenso y películas de acción como *La mayor aventura de Tarzán*, Anthony realizó una serie de destacados dramas históricos en la década de 1960 para los que estaba bien preparado, debido en parte a su formación clásica.

Anthony se casó con la actriz de teatro Hermione Hannen en 1934. La pareja se divorció en 1941. Estuvo casado con su segunda esposa, Dorothy Hyson, desde 1947 hasta su muerte en 1989. Con Hyson tuvo tres hijos, incluida la actriz Jenny Quayle.

En su interpretación de Wolsey, nominada al Oscar, Anthony proyectó una mezcla de autoritario, diplomático y político astuto que entendía a Enrique VIII quizás mejor de lo que Enrique se entendía a sí mismo. Era un hombre convincente que, en cierto modo, parecía una figura paterna para Enrique y podía fácilmente asumir el poder cuando el impetuoso rey estaba demasiado distraído por otros asuntos para dirigir el país.

Antonio logró hábilmente interpretar al cardenal poderoso y ambicioso con dignidad, pero con muy poca o ninguna pretensión, dejando la pomposidad y la arrogancia a Enrique. Por momentos casi parece un hombre común y corriente, que aún conserva restos de su origen humilde como hijo de un carnicero. Ya sea que Anthony haya hecho esto intencionalmente o no, fue útil para darle cuerpo al personaje.

En lugar de recurrir a la imagen de un líder eclesiástico y estadista piadoso y engreído, Anthony le da una dimensión a Wolsey y lo hace más interesante al darnos una idea del hombre que ha tenido que luchar para alcanzar su estatus.

Anthony se mantuvo ocupado durante los siguientes 20 años, especialmente en televisión, haciendo muchas películas y series para televisión, incluidas *Las seis esposas de Enrique VIII* en 1970, que él mismo narró. Actuó frecuentemente en proyectos bíblicos como *Moisés el legislador* (1974), así como otros dramas históricos como *Los últimos días de Pompeya* (1984). Se desempeñó como director de la compañía de giras Compass, que había fundado en 1984, y fue nombrado caballero en 1985. Anthony continuó trabajando hasta poco antes de su muerte por cáncer en 1989, a la edad de 76 años.

≈≈≈≈≈

El abogado y estadista Thomas Cromwell, primer conde de Essex, no siempre ha sido retratado como un simple villano, pero en *Ana de los mil días* esa es realmente la única forma en que se nos presenta. Su ambición y su despiadada conspiración hacen que formidables buscadores de poder, como el cardenal Wolsey y Ana Bolena, parezcan corderos en comparación.

Cromwell, que fue primer ministro de Enrique VIII de 1532 a 1540, se caracteriza por ser un hombre de poca o ninguna conciencia que utilizaría cualquier medio necesario para lograr sus objetivos, incluida, como se muestra en una escena memorable, la tortura. Incluso Enrique, lejos de ser un modelo de virtud, parece disgustado por Cromwell, simplemente tolerándolo como un mal necesario, alguien que idea planes y lleva a cabo el trabajo sucio del rey. John Colicos pudo encarnar esta versión de Cromwell de manera impresionante.

El hecho de que fuera tan convincente en el papel se debe principalmente a su talento como actor, pero la apariencia física de John también fue una verdadera ventaja. Había algo siniestro en su rostro, particularmente sus ojos oscuros y penetrantes y su sonrisa astuta, que podía parecer serpentina en sus papeles más amenazantes, como este.

John Colicos nació en Toronto, Ontario, Canadá, el 10 de diciembre de 1928, de madre canadiense y padre griego. Creció en Montréal. Su primer papel actoral fue Jesucristo en un espectáculo bíblico, algo irónico considerando todos los malvados personajes que luego serían su pilar.

Al igual que Richard Burton y Anthony Quayle, John se ganó una reputación en el teatro desde el principio, como un talentoso actor shakesperiano. Un punto culminante de su carrera fue cuando, a la edad de 22 años, interpretó el papel principal en *Rey Lear* en el Old Vic de Londres, lo que lo convirtió en el actor más joven en interpretar el papel. En 1957 interpretaría el papel de Edmund en *Rey Lear* cuando hizo su debut en el teatro de Nueva York. Pero su asociación con la obra no terminó ahí. Volvería a asumir el papel del rey emocionalmente perturbado en 1964 en el Festival de Stratford de Canadá.

Fue elegido para una variedad de papeles en el American Shakespeare Festival Theatre, incluido su muy admirado Petruchio en *La fierecilla domada*. El año antes de empezar a trabajar en *Ana de los mil días*, John realizó una de sus actuaciones más aclamadas, interpretando a Winston Churchill en la controvertida obra. *soldados* en los escenarios de Londres en 1968. También fue un prolífico actor de televisión a lo largo de su carrera. En los años 50 y 60 apareció en varios programas policiales como *Los defensores* y series de acción, como *Misión imposible*.

Como muchos de sus compañeros de reparto en *Ana de los mil días*, John se tomó en serio su oficio. Incluso tenía en su casa una biblioteca de investigación teatral de 4.000 volúmenes.

John se casó con Mona McHenry en 1956. La pareja, que tuvo dos hijos juntos, se divorció en 1981. Su hijo Nicholas Colicos también es actor.

No le importaba retratar a los villanos. Encontró a los villanos más interesantes y divertidos que los héroes. Su interpretación de Thomas Cromwell puede haber sido uno de sus villanos más interesantes y probablemente sea su interpretación cinematográfica más recordada.

Su mayor éxito llegó tarde en la vida con proyectos de ciencia ficción como la película y la serie de televisión. *Battlestar Galactica* a finales de los años 1970 y *Star Trek: Espacio profundo nueve* (1994-1998), que fue uno de sus últimos trabajos antes de su muerte en 2000, a la edad de 71 años, tras múltiples infartos.

≈≈≈≈≈

El muy venerado Michael Hordern, que interpretó al padre de Ana, Tomás Bolena, era un hombre con los pies en la tierra que no se convirtió en actor profesional hasta los 20 años. Nacido el 3 de octubre de 1911 en Berkhamsted, Hertfordshire, Inglaterra, trabajó brevemente como educador y vendedor antes de asumir el papel de Lodovico en una producción teatral de 1937. *Otelo.* Su experiencia convencional en el mundo real fue probablemente una de las cosas que lo ayudaron a mantenerse con los pies en la tierra después de que despegó su carrera teatral.

La preferencia de Michael por una vida sencilla en el campo y su amor por la pesca no sólo contrastaban marcadamente con muchos de sus compañeros del mundo del espectáculo, que vivían rápidamente, sino también con Thomas Bolena, a quien generalmente se representa como un mercenario ascendente, un cortesano materialista que proxenetaba activamente. sus hijas a cambio del favor del Rey. Michael lo retrata como un padre más práctico, realista pero no completamente indiferente, tan ansioso por mantener, si no mejorar, su nivel de vida, que permite que Henry utilice a Mary y Anne.

Por supuesto, esta desviación de nuestro concepto tradicional de Tomás Bolena no se debe enteramente al enfoque que Michael tiene del personaje. El guión es parcialmente responsable. Sin embargo, Michael era conocido no sólo por ser extremadamente talentoso sino por ser muy original.

Su primera aparición en pantalla fue en la comedia dramática de 1939.*Una chica debe vivir*. Poco después tuvo un par de papeles cinematográficos no acreditados, pero su carrera quedó en suspenso durante varios años con el estallido de la Segunda Guerra Mundial, durante la cual se desempeñó como teniente comandante en la Armada.

Se casó con la actriz Eveline Mortimer en 1943. La pareja tuvo una hija juntos.

La carrera de Michael en el teatro finalmente despegó con la exitosa obra.*Querido asesino*, y mientras juegas al Sr. Toad de*Sapo de Salón del Sapo* en Stratford-Upon-Avon para las Navidades de 1948 y 1949. Durante los años siguientes realizó actuaciones impresionantes en varias obras, incluido el exigente papel principal en la obra de Chéjov.*Ivanhoe* e interpretó a Polonio para el Hamlet de un joven Richard Burton durante la temporada 1953-1954 del Old Vic. Sin embargo, Michael no hizo su debut en Broadway hasta 1959, cuando coprotagonizó*pájaros lunares*.

Hizo muchas películas y proyectos de televisión desde finales de la década de 1940 en adelante, principalmente interpretando papeles de personajes, siendo especialmente hábil en esos papeles, debido en parte a su sorprendente variedad. Ocasionalmente fue elegido para algunos papeles protagonistas interesantes, interpretando a Maxim De Winter en una adaptación cinematográfica para televisión de 1947 de*rebeca*.

Para el momento*Ana de los mil días* Comenzó la producción, Michael ya había trabajado con Richard Burton, quien quedó enormemente impresionado por el actor, en varias ocasiones, entre ellas:*cleopatra*;*Los vip* (1963);*El espía que surgió del frío* (1965); y*La fierecilla domada* (1967).

Michael Hordern contribuyó a la alta calidad de la producción. A menudo presentado como figuras de autoridad estrictas o aristócratas, encajaba bien en el papel de Tomás Bolena. También ayudó a suavizar las aristas de su personaje con un toque de su propia calidez natural y quizás porque, como gran actor de comedia, siempre trató de encontrar humor en los papeles que interpretaba.

Michael fue un actor prolífico durante el resto de su carrera actuando en decenas de proyectos tanto para la pantalla grande como para la pequeña, después*Ana de los mil días*. Su trabajo fue una mezcla sorprendentemente ecléctica que va desde expresar a Badger en la serie animada de los años 80 hasta*Viento en los sauces* hasta coprotagonizar

87

varias adaptaciones televisivas de obras de Shakespeare. También hizo algunas funciones de alto perfil en sus últimos años, incluyendo*Gandhi* en el que interpretó a Sir George Hodge.

Michael Hordern fue nombrado caballero en 1985 y murió 10 años después de una enfermedad renal a la edad de 83 años.

≈≈≈≈≈

Irene Papas no retrató a la primera esposa de Enrique, Catalina de Aragón, como la víctima indefensa que muchos suponen que era, sino más bien como una luchadora. Era el tipo de papel que Irene decía que le gustaba desempeñar y se describía a sí misma como una luchadora. Si bien la profunda piedad por la que era conocida la reina Catalina está claramente presente en la actuación, junto con ella hay pasión e incluso ferocidad en algunos momentos, mientras lucha por conservar su lugar como reina consorte de Inglaterra y el reclamo de su hija María al trono. . Como sabemos, Katherine no ganó pero tampoco se quedó tranquila.

Irene Papas nació el 3 de septiembre de 1926 en Chiliomodi, Corinto, Grecia. Antes de*Ana de los mil días* Era más conocida por el público estadounidense por el drama de acción y aventuras de 1961.*Las armas de Navarone*, en la que trabajó con Anthony Quayle, y para la icónica comedia dramática de 1964.*Zorba el griego*. También hizo varios programas de televisión a lo largo de los años, incluida la miniserie de 1968.*Odisea*, basado en Homero*La Ilíada* y*La odisea*.

Irene fue una elección popular para el papel principal en adaptaciones cinematográficas de dramas griegos clásicos, interpretando los papeles principales en*electra* y en*Antígona*durante principios de la década de 1960. La poderosa presencia y la seriedad de Irene la convirtieron en una heroína natural para las heroínas icónicas del drama histórico, y fueron estos mismos rasgos los que la diferenciaron de las espumosas estrellas de Hollywood de la época. El objetivo de Irene no era retratar sirenas glamorosas. Con una actitud progresista para su época, prefería interpretar a mujeres fuertes e independientes.

Aunque no tuvo problemas con los papeles destacados, Irene también interpretó muchos papeles secundarios, como le explicó Roger Ebert cuando la entrevistó durante el rodaje de*Ana de los mil días*, que no tenía demasiado orgullo para rechazar esos papeles y que el dinero era bueno.

A pesar de su apariencia poco convencional, su marcado acento y el número limitado de protagonistas lo suficientemente altos como para protagonizar junto a la actriz de 5'10, durante esta era en la que el protagonista masculino*tenía* Para ser más alta que su interés amoroso, Irene logró dejar su huella en el cine internacional e impresionó enormemente a leyendas como Federico Fellini y su amiga y coprotagonista Katharine Hepburn.

Se casó con el director, escritor y actor Alkis Papas en 1943, pero la pareja se divorció cuatro años después. Sin embargo, protagonizó su comedia romántica de 1959.*¡Psit... koritsia!* Se casó con el productor José Kohn en 1957 pero la unión fue luego anulada.

Además de actuar, Irene fue una cantante que grabó y contribuyó en varios álbumes a lo largo de los años, incluido el disco de jazz.*Canciones de Theodorakis*, que salió el año anterior*Ana de los mil días*. También fue una poeta publicada, pero principalmente escribió poesía para ella misma, aparentemente como una especie de catarsis cuando atravesaba tiempos difíciles.

Irene ofrece una actuación muy convincente en*Ana*y mantiene su dignidad a pesar de todo, incluso mientras le ruega a Henry que no anule su matrimonio. Con una actriz menor, el personaje habría parecido lamentable, pero Irene proyectaba fuerza, confianza y nobleza. A veces nuestras simpatías se dividen entre Katherine y la heroína de la película, Ana Bolena.

Irene trabajó de forma constante hasta 2003, realizando proyectos tanto clásicos como contemporáneos. Uno de sus últimos papeles fue Drosoula en el drama romántico de la pantalla grande de 2001.*La mandolina del capitán Corelli* Protagonizada por Nicolas Cage y Penélope Cruz.

Desde su retiro de la actuación, ha abierto una escuela de teatro alternativa en Grecia, la Irene Papas – Escuela de Atenas. En 2017 se anunció que el Teatro Nacional de Grecia trasladaría su escuela de teatro al lugar.

≈≈≈≈≈

Ana de los mil días contó con una mezcla de actores aclamados y consagrados y emocionantes recién llegados. La película sería el debut en la pantalla grande del joven Terence Wilton. Terence interpretó al prometido de Ana Bolena, Lord Percy. Originario de Brighton, Inglaterra, tenía poca experiencia en *Ana*. Había empezado a hacer televisión unos años antes, empezando con un episodio de *Mentirosos* en 1966. A esto le siguieron pequeños papeles en la miniserie de 1967. *Feria de la vanidad* y película para televisión *El rey bastardo*. Justo antes *Ana*, hizo un episodio de *Galería de Rouges*.

Terencio, que desde entonces se ha ganado la reputación de ser un actor de teatro de gran talento, parecía la antítesis de Enrique VIII. En su interpretación de Percy, el actor de rostro fresco, con su comportamiento amable y proyección de sinceridad, casi no podría haber sido más opuesto al ruidoso, autoritario y cínico Henry.

91

El hecho de que los dos rivales sean tan diferentes subraya el profundo resentimiento y la amargura de Anne cuando se ve obligada a renunciar a Percy para que Henry pueda tenerla. Aunque Anne finalmente llega a amar a Henry, al comienzo de la película es importante hacer que parezca casi imposible que una mujer enamorada de un hombre como Percy se sienta atraída por Henry.

Terence fue ideal como Lord Percy, y la actuación también valió la pena para él, brindándole su primera oportunidad real en el mundo del espectáculo. Siguiente *Ana*, Terence realizó varios proyectos de televisión, incluida una producción de *Aldea* en 1971 y varios episodios de *Médico que*. Ha trabajado extensamente como actor shakespeariano y ha enseñado teatro en Blackheath High School for Girls junto a su esposa, la actriz Lucy Tregear, y su hija.

≈≈≈≈≈

En el papel de la madre de Ana Bolena, Isabel Bolena, estaba la actriz Katharine Blake, que en ese momento estaba casada con el director de la película Charles Jarrott. La gente asumiría que Isabel sería una mujer sexy y encantadora, considerando que era madre de dos de las amantes favoritas de Enrique VIII, y Katharine aportó la cantidad justa de espíritu y un toque de atractivo sexual misterioso al papel. Su rostro, que se parecía levemente tanto a Geneviève Bujold como a Valerie

92

Gearon, quien interpretó a María Bolena, tenía un aspecto aristocrático pero se iluminaba con su sonrisa coqueta y el brillo en sus ojos.

Katharine Blake nació como Illonne Katharine Inglestone en Johannesburgo, Sudáfrica, el 11 de septiembre de 1921. Su primera aparición en la pantalla fue como Catherine Earnshaw en una producción televisiva de *cumbres borrascosas* en 1948. Continuó trabajando principalmente en televisión durante las siguientes dos décadas, actuando en decenas de series como *Obra de la semana de ITV*; *fol.*; y *Los vengadores*. Katharine hizo muchos dramas y series de misterio, pero también bastantes dramas históricos, incluido un episodio de *Teatro del jueves* en 1964, titulado *La joven Isabel* en la que interpretó a María Bolena, apenas cinco años antes de interpretar a la madre de María en *Ana de los Mil Días*.

Katharine Blake también fue escritora de televisión y escribió un episodio de 1966 del drama de la BBC. *La obra del miércoles* y un episodio de la miniserie de temática sobrenatural. *Obsesionado* (1967).

Antes de casarse con Charles Jarrott (1959-1982), Katharine estuvo casada con el actor y cineasta David Greene (1948-1959) y con el actor Anthony Jacobs (1942-1948). Tuvo una hija con cada uno de sus dos primeros maridos.

Como muchos de los otros actores secundarios en *Ana de los mil días*, Katharine aprovechó al máximo su limitado tiempo frente a la pantalla. Sin eclipsar a los protagonistas principales, logró causar una verdadera impresión como una hábil cortesana que también podía ser una madre amorosa y, al mismo tiempo, lo suficientemente sensual como para hacernos preguntarnos si podría haber algo de verdad en el chiste de Henry sobre una aventura entre Los dos.

Katharine continuó actuando hasta 1981, apareciendo en muchos dramas televisivos a lo largo de los años, incluida la aclamada serie Henry Tudor.*El Sombra de la torre* y el programa de antología*Teatro de sillón*. Murió en 1991 a la edad de 69 años.

≈≈≈≈≈

Mientras que otras películas han explorado el romance de María Bolena con Enrique VIII, en esta película se nos presenta a María después de que Enrique la dejara embarazada y la descartara, quien ya se mudó con su hermana Ana. Valerie Gearon es convincente como Mary, amargada, desconsolada y naturalmente resentida, y advierte a Anne que no cometa el mismo error.

Valerie Gearon nació en Newport, Monmouthshire, Gales en 1937. Estuvo casada con el director y productor Kip Gowans de 1962 a 1970. La pareja tuvo dos hijos juntos.

Como actriz de cine, Valerie trabajó casi exclusivamente en televisión, apareciendo en una amplia gama de series, desde programas policiales como *Vendetta* a la telenovela *Sala de Emergencias-10* y muchos dramas históricos. Ella interpretó a Isabel Tudor. *en el Teatro de los Jueves* produccion de *El joven elizabeth*, con la actriz Katharine Blake, quien interpretaría a su madre en *Ana de los mil días*, en el papel de María Bolena. Las pocas películas que hizo Valerie incluyen el drama criminal histórico. *Nueve horas hasta Rama* (1963) coprotagonizada por Horst Buchholtz y José Ferrer, así como la película de ciencia ficción de 1965 *Invasión*.

Valerie Gearon solo actuó unos años más después del lanzamiento de Ana de los mil días. Su último papel fue en la serie. *Tribunal de la Corona* (1974). Murió en 2003 a la edad de 65 años.

≈≈≈≈≈

Michael Johnson fue convincente en el papel del sensible y gentil hermano de Ana Bolena, George Bolena. La relación entre estos dos hermanos fue, en ese momento, y sigue siendo, fuente de mucha especulación debido a la acusación de adulterio incestuoso que se les impuso. Teniendo en cuenta que esta afirmación se utilizó, junto con otras historias de adulterio muy controvertidas, como motivo para arrestar a Ana y juzgarla por traición, es muy probable que se tratara de un cargo inventado por Enrique VIII en su esfuerzo por deshacerse de Ana. La película parte del supuesto de que no hubo incesto entre Anne y George.

Nacido en Grimsby, Lincolnshire, Inglaterra, en 1939, Michael Johnson había acumulado una considerable experiencia en televisión antes de *Ana de los mil días* y era otro compañero de reparto que había coprotagonizado *La joven Isabel*, varios años antes. Michael interpretó el papel del interés amoroso de Isabel Tudor, Robert Dudley. Sin embargo, a diferencia de los otros actores que interpretan a miembros de la familia Bolena, Michael hizo muy poco drama histórico antes. *Ana.* Era mejor conocido por series policiales como *El experto* y para dramas de televisión como *Los recién llegados*.

Michael Johnson apareció con frecuencia en series de televisión británicas durante los años 1970 y principios de los 80, incluidos episodios de *La sombra de la torre* y *julieta bravo*. Murió en 2001 a la edad de 61 años.

≈≈≈≈≈

Gary Bond interpretó al profesor de música Mark Smeaton, cuya falsa confesión de adulterio con Anne fue tan memorablemente torturada por el secuaz de Cromwell. Gary interpretó esta escena complicada, así como la escena del juicio, de manera muy efectiva. Es simpático y comprensivo como el amable e inocente tutor de música palaciega que se ve injustamente arrastrado a la batalla de Henry con Anne. Su angustia, tanto física como emocional, parece muy real para el público, provocando una profunda lástima e indignación.

Nacido en Liss Hampshire, Inglaterra, en 1940, el apuesto actor y cantante Gary Bond recibió su formación en la Escuela Central de Oratoria y Drama, a la que asistió con una beca. Aunque uno de sus primeros papeles fue el del soldado Cole en el drama histórico de guerra de la pantalla grande.*zulú*, Gary pronto se convirtió en un prolífico actor de televisión, apareciendo en muchas series entre 1964 y 1969, incluidos varios episodios de*Grandes expectativas*, y*Frontera*.

El mismo año lo hizo.*Ana de los mil días*, Estaba en un episodio de la clásica serie de espías.*Los vengadores*. También trabajó extensamente en el teatro y eventualmente tendría un gran éxito interpretando el papel principal en*Joseph y el asombroso abrigo de ensueño en tecnicolor.*Poco después de*Ana*fue lanzado, Gary interpretó uno de sus papeles cinematográficos más memorables, John Grant, en el thriller australiano.*despertar Susto*. Trabajó de manera constante en series de televisión hasta 1990. Murió en 1995 a la edad de 55 años.

Entre los actores secundarios más destacados del elenco*Ana de los mil días* Fue William Squire, quien desempeñó el papel relativamente pequeño pero importante de Tomás Moro. La consecuencia más grande y de mayor alcance de la anulación de Enrique VIII de Catalina de Aragón fue su ruptura con la Iglesia Católica Romana, lo que resultó en la Iglesia de Inglaterra de base protestante con el monarca como su líder.

Hubo multitudes de personas que se negaron a jurar lealtad a esta nueva fe. More, abogado y estadista, que finalmente fue venerado como Santo Tomás Moro, es el mártir más célebre de este capítulo de la historia, y William no decepciona en su descripción de él, interpretando a More con sinceridad, humildad y dignidad.

William Squire nació en Neath, Glamorgan, Gales, en 1916. Su segunda esposa fue la actriz Juliet Harmer. William tuvo una experiencia notable tanto en la pantalla grande como en la pequeña, actuando en muchos dramas históricos, incluidas adaptaciones de clásicos literarios. También fue un destacado actor de teatro y protagonizó Broadway. En 1962, William reemplazó a su amigo Richard Burton en el papel del Rey Arturo en*camello*. Los dos actores eran coprotagonistas frecuentes. Antes*Ana*, trabajaron juntos en las películas.*Alejandro el Grande* y*Donde las águilas se atreven*.

William tuvo mucha demanda durante las siguientes dos décadas, con papeles en series de televisión populares como*Médico que* y*La flecha* *negra*. En la pantalla grande prestó su voz a Gandalf para la adaptación animada de 1978 de *señor de los Anillos*. Murió en 1989 a la edad de 73 años.

≈≈≈≈≈

Nicola Pagett interpretó de manera muy convincente a la princesa María, destinada a ser la reina María I de Inglaterra. Naturalmente majestuosa en apariencia y modales, Nicola estuvo bien elegida y su actuación como la ferozmente leal hija de Catalina de Aragón en el lecho de muerte de su madre fue muy conmovedora. Ella es otro ejemplo de *Ana de los mil días* Miembro del elenco que causó una impresión memorable con su breve tiempo en pantalla.

Nacida en El Cairo, Egipto como Nicola Scott en 1945, la sorprendente actriz creció principalmente en Japón y Hong Kong, gracias al trabajo de su padre. Después de asistir a un internado católico en el Reino Unido, cuando era adolescente, decidió inscribirse en la prestigiosa Real Academia de Arte Dramático, en lugar de ir a una escuela suiza. Tuvo una hija con su marido Graham Swannell. El matrimonio duró de 1975 a 1998.

Nicola apareció en varios dramas de misterio y espías en la televisión antes de *Ana*. Uno de sus pocos papeles cinematográficos durante este período fue el de Talia en la intrigante aventura de 1967.*El Reina vikinga.* A los pocos años de *Ana*, alcanzaría mayor fama interpretando a Elizabeth Bellamy en el éxito de la pantalla chica. *Abajo arriba.*

Historia de la dirección: Charles Jarrott

Una epopeya de disfraces arrolladora como *Ana de los mil días* Es un esfuerzo ambicioso en la pantalla grande para cualquier director, pero Charles Jarrott, a pesar de su poca experiencia cinematográfica, tuvo más que éxito en la tarea de dirigir esta producción de alto perfil de Hal B. Wallis.

Charles Jarrott nació en Londres, Inglaterra, el 16 de junio de 1927, hijo de un piloto de carreras convertido en empresario Charles Jarrott O.B.E. y la intérprete de comedia musical Violet Aline St Clair-Erskine (de soltera Vyner), condesa de Rosslyn.

Cuando Charles tenía sólo 16 años, su padre murió. Poco después de perder a su padre, convenció a su madre para que le permitiera unirse a la Royal Navy durante la Segunda Guerra Mundial y estuvo destinado en el Lejano Oriente.

El joven se parecía a Charles Jarrott padre en lo que respecta a su integridad y determinación, lo que puede haber explicado el entusiasmo de Charles por unirse a la lucha por su país en la guerra, a una edad tan tierna. Sin embargo, su interés y aptitud para la industria del entretenimiento, probablemente heredados de su madre, pronto se haría evidente.

101

Poco después de su servicio militar, Charles se dedicó al mundo del espectáculo, trabajando como actor, director y director de escena para el Nottingham Repertory Theatre. Se casó con su primera esposa, Rosemary Palin, en 1949. Se divorciaron en 1957.

El británico de clase alta tenía un comportamiento refinado pero afable. Era sensible, reflexivo y tranquilo; todas cualidades que sólo podían ayudar cuando se trataba de actores temperamentales y el estrés de dirigir un proyecto en el escenario o en la pantalla.

La carrera de Charles Jarrott comenzó a cobrar impulso en la década de 1950, después de que se mudó a Canadá y dirigió su primera obra televisiva.*Saldo de prueba*, para la Corporación Canadiense de Radiodifusión. Esta fue también la primera de muchas colaboraciones en la pantalla chica que tendría con el productor canadiense de vanguardia, Sydney Newman, quien apoyó la originalidad. Fue por esta época cuando se casó con su segunda esposa, la actriz Katharine Blake, que era seis años mayor que él. La unión le dio dos hijastras y el matrimonio duró de 1959 a 1982.

Charles volvería a trabajar con Sydney Newman, después de regresar al Reino Unido en 1960 y convertirse en parte del equipo de jóvenes directores de Newman. Durante los años siguientes, Charles dirigiría episodios de muchas series, en una amplia gama de géneros, incluidos programas de suspenso como*Teatro de misterio de sillón*. Algunos de sus programas más destacados fueron adaptaciones televisivas de dos obras de Harold Pinter.

Además del misterio, la fantasía y los clásicos literarios, el polifacético cineasta también adquirió experiencia con el drama histórico. Dirigió un episodio de 1964 de *Festival*, titulado *La vida de Galileo*, y para *Jueves Teatro* el episodio *La joven Isabel*, con varios de los actores con los que trabajaría en *Ana de los mil días*, incluida su esposa, Katharine Blake.

También dirigió guiones para televisión escritos por Katharine, incluido un episodio de *La obra del miércoles* en 1966 titulado *la bola de nieve*, en la que también protagonizó, y la primera entrega de la miniserie de 1967. *Obsesionado* noble *Para revelar mi nombre*. Durante este período, *La obra del miércoles* tenía reputación de brindar a los directores prometedores, así como a los escritores, la oportunidad de perfeccionar su oficio. Charles probablemente se benefició de esto, ya que dirigió cinco episodios de la serie.

Cuando se le preguntó en años posteriores si su experiencia como director de televisión le ayudó o le perjudicó cuando empezó a dirigir películas, Charles dijo que no creía que hubiera mucha diferencia entre dirigir los dos medios, pero que dirigir series de televisión sí le ayudó a ganar experiencia en el manejo de películas. con varios tipos de actores e historias.

Aunque su legado estaría en su trabajo como director, Charles no abandonó por completo su carrera como actor cuando empezó a

103

trabajar detrás de la cámara. Continuó actuando en el escenario después de mudarse a Canadá y comenzó a aparecer en pantalla en la década de 1950, cuando interpretó muchos papeles, desde médicos hasta abogados y soldados, en episodios de varias series dramáticas de televisión. Además, produjo varios episodios de la misma serie que dirigió y luego escribiría algunos guiones.

A finales de la década de 1960, justo antes de la producción de *Ana*, Charles dirigió varias películas para televisión, incluida una adaptación popular de *El extraño caso de Dr. Jekyll y Sr. Hyde*, protagonizada por Jack Palance, quien fue elogiado por su convincente interpretación del protagonista. El proyecto de pantalla chica fue tan bien recibido que rivalizó con las versiones cinematográficas anteriores.

En 1969, Charles sólo había dirigido un largometraje, el drama criminal de 1962. *Tiempo para recordar*, pero Hal B. Wallis, haciendo gala una vez más de sus asombrosos instintos y sus habilidades visionarias, vio en Charles el potencial para alcanzar el éxito a gran escala. Teniendo en cuenta el tiempo, el esfuerzo y el cuidado que Wallis había invertido en *Ana de los mil días*, en los años previos al rodaje para asegurarse de que fuera una producción de alta calidad, debió quedar muy impresionado con este director de televisión para confiarle un proyecto tan importante.

Lo supiera Wallis o no, la personalidad de Charles era uno de sus mayores activos a la hora de dirigir una película como ésta. El director relajado y de voz suave habría estado bien preparado para lidiar con este elenco, especialmente con el obstinado y apasionado Richard Burton, que estaba allí bajo presión. Un cineasta agresivo o combativo habría sido desastroso en este set, con tantas personalidades fuertes y egos tan grandes.

Charles fue etiquetado como un "director de mujeres" debido a las grandes actuaciones que obtuvo de sus actrices, incluida la espléndida interpretación de Geneviève de Ana Bolena. Su don para sacar lo mejor de las actrices puede ser una de las razones por las que Geneviève pudo dominar la película hasta el punto que lo hizo. El propio Charles atribuyó su éxito en esta área al placer que sentía al trabajar con mujeres y especuló que también tenía algo que ver con el hecho de que no le gustaban los juegos entre hombres y mujeres.

Parecía tener mucho respeto por las mujeres, lo que en sí mismo habría sido de gran ayuda para las mujeres que dirigía, particularmente durante esta época en la que el chauvinismo todavía prevalecía. Tener una madre con experiencia en el escenario probablemente ayudó a moldear su actitud hacia las actrices en general. En una entrevista con la personalidad de Austin TV Carolyn Jackson, señaló cuán prominentes eran las estrellas femeninas en las décadas de 1930 y 1940, y pensó que a las mujeres se les debería dar nuevamente el mismo tiempo frente a la pantalla.

Ana de los mil días ha sido criticado por su lentitud y teatralidad. La crítica Pauline Kael acusó a Charles de falta de estilo y personalidad. Si bien es cierto que no es probable que escuchemos referencias como "película al estilo Charles Jarrott" o "jarrottesco", esto no significa que el director no tuviera su propio estilo personal. Pero claramente no tenía la misión de llamar la atención y poner su propia marca distintiva en toda la película, como lo haría un cineasta más impulsado por el ego. La dirección de Charles fue sutil y sin pretensiones.

Estaba prácticamente libre de trucos o vistosidades, lo que puede resultar decepcionante para algunos. Sin embargo, un estilo de dirección simple y directo fue refrescante, tal vez incluso necesario debido a la abundancia de pompa, imágenes opulentas, música rica y melodrama.

Normalmente no es bueno que la técnica del director destaque realmente porque cuando notamos algo así, interfiere con la suspensión de la realidad. Idealmente, deberíamos poder olvidar que estamos viendo una película, para poder dejarnos llevar por la historia y la acción en pantalla, lo que sucede con bastante facilidad con *Ana de los mil días*. Pero si tomas la decisión consciente de observar cómo se dirige la película, la lógica y el sentido común detrás de la mayoría de las decisiones que tomó Charles son obvios.

Charles guardó las tomas dramáticas para donde más se necesitaban, a menudo como tomas iniciales de escenas importantes, lo que las hace aún más poderosas. Su enfoque discreto también fue efectivo porque permitió que la película tuviera una atmósfera y una relación más natural entre los actores, lo cual es inusual para este género en particular pero es beneficioso para *Ana de los mil días* porque nos recuerda que estos personajes están basados en personas reales. Podemos identificarnos con ellos más fácilmente que con personajes representados en epopeyas similares, que a menudo parecen figuras históricas en lugar de seres humanos de carne y hueso. Es esencial personalizar la historia de Henry y Anne tanto como sea posible porque se trata básicamente de un romance, aunque muy trágico.

No se puede negar *Ana* es una película llena de actuaciones dinámicas y el impacto de Charles Jarrott no debe descartarse, especialmente cuando se trata de Geneviève Bujold, quien habría dependido de su guía más que de los actores veteranos, ya que esta era su primera gran película internacional.

Cuando llegó la temporada de premios, Charles Jarrott fue desairado por la Academia de Artes y Ciencias Cinematográficas, mientras que la película en sí fue nominada a Mejor Película. Es un tanto contradictorio que el director de una película nominada a Mejor Película no reciba una nominación, lo que volvió a suceder en la siguiente película. *María, reina de Escocia* un par de años después.

En el caso de *Ana*, podría haber varias razones para este desaire. Este fue uno de los primeros largometrajes de Charles, así que tal vez hubo demasiados votantes que sintieron que aún no se había ganado el derecho a ser nominado al Oscar, o podría haber sido debido a la política del mundo del espectáculo, o a la influencia de los críticos. Ganó el prestigioso premio Globo de Oro por *Ana de los mil días*, lo que debe haber sido un consuelo.

Charles pasó a dirigir*María, reina de Escocia* (1971) para Hal Wallis. Uno de sus proyectos más conocidos después*Ana*, fue la adaptación cinematográfica de 1976 de la famosa novela de Sidney Sheldon,*El otro lado de la medianoche*. Trabajó principalmente en televisión en los años siguientes, dirigiendo muchas películas para televisión sobre figuras públicas, incluido el memorable*Pobres pequeños ricos Chica:La historia de Bárbara Hutton*, protagonizada por Farrah Fawcett.

Después de divorciarse de Katharine Blake en 1982, se casó con su tercera esposa, Suzanne Bledsoe, en 1992. El matrimonio duró hasta su muerte en 2003. Charles Jarrott murió en 2011 a la edad de 83 años.

Nuevas amistades y viejas rivalidades

Aunque Richard Burton tenía en general una opinión favorable de John Colicos y Anthony Quayle como actores, podía ser crítico, pero admitía que estaban bien elegidos para sus respectivos papeles. Hizo comparaciones entre Anthony Quayle y su personaje, el intrigante cardenal Thomas Wolsey. Pero dijo que John Colicos se diferenciaba de su personaje, Thomas Cromwell, en este aspecto, habiendo oído que el actor era amable en su vida personal. Sin embargo, le resultó dolorosamente aburrido actuar con él, afirmando una vez que iba a necesitar al menos media botella de vodka para pasar un día entero trabajando con él. Para poner las cosas en perspectiva, debemos recordar que Richard se aburría muy fácilmente.

Richard había trabajado previamente con John más de diez años antes, cuando aparecieron juntos en una*El espectáculo del mes de DuPont*adaptación televisiva de*cumbres borrascosas* en el que Richard interpretó a Heathcliff y John interpretó a Hindley. Richard no recordaba haber trabajado con él, pero Charles Jarrott se lo recordó antes de que se reunieran en*Ana de los mil días*, por lo que Richard pudo fingir recuerdo cuando lo volvió a ver.

El hecho de que Richard conociera personalmente a tantos de sus compañeros de reparto antes de que comenzara la filmación no fue del todo bueno. Reconoció que había algo de rencor entre Anthony

Quayle y él, pero no anticipó que esto fuera un problema, pensando que Anthony al menos fingiría amistad hacia él. Como había predicho, Anthony fue todo sonrisas desde el principio.

Un par de meses después del rodaje, Anthony Quayle sorprendió a Richard al revelar que había pasado parte de su infancia en Pontypridd, Gales.

Durante el transcurso de esta sesión, Richard se sorprendió al darse cuenta de repente de lo inteligente que era Anthony Quayle y de su amplio conocimiento de la poesía. No era fácil impresionar a Richard en lo que respecta a la capacidad intelectual, por lo que Anthony debe haber parecido extremadamente inteligente para ganarse su elogio en esta área.

Richard fue mucho más amable con Anthony, en su diario, hacia el final del rodaje que al principio, cuando su actitud todavía estaba influenciada por experiencias pasadas con el actor. Lo elogió por hacer tan popular el teatro de Stratford, años antes, al traer allí íconos del futuro como Laurence Olivier, Vivien Leigh, John Gielgud y otros.

Richard también especuló que tal vez Anthony se había suavizado con el paso de los años. Suponiendo que esto fuera cierto, podría ser parte de la razón por la que parecieron llevarse mejor de lo que cabría esperar durante el rodaje.

Richard supuso que él y Elizabeth habían tenido una mala influencia sobre John Colicos, culpando a su arrogancia, dinero y fama combinados de que John desarrollara su propio ego inflado y también un problema con la bebida.

El propio John Colicos admitió que pensaba que Richard era emocionante y que inspiraba entusiasmo en otras personas. Cuando él y su esposa, Mona McHenry, tuvieron una discusión durante este período, porque ella notó que él seguía usando palabras completamente desconocidas para ella y que tenía una actitud totalmente diferente, John culpó a Richard. Teniendo en cuenta lo elocuente que era Richard, es fácil ver cómo pasar tanto tiempo en su presencia podría haber tenido un efecto en el vocabulario de John.

Richard dijo, en su diario, que John se había convencido a sí mismo de que era su igual en lo que respecta a su atractivo como actor, y que John sentía que su esposa debería ser tan atractiva como Elizabeth. Según Richard, John había perdido un próximo papel cinematográfico debido a su comportamiento, y Richard dio a entender que su esposa lo había dejado, pero la pareja en realidad estuvo casada hasta 1981.

Si bien es cierto que Richard y Elizabeth influyeron en innumerables personas, incluidas muchas que ni siquiera conocieron, es posible que el propio ego de Richard lo haya llevado a exagerar demasiado el impacto que tuvo en el actor. Después de todo, John no era un joven impresionable en ese momento; era un actor de 40 años con un largo currículum de créditos a sus espaldas y años de experiencia con celebridades.

Sin embargo, es obvio que hubo algún cambio en él durante este tiempo, porque Richard dio a entender que John había alejado a todos los demás hasta el punto de que estaba solo en su simpatía por el actor. Si John Colicos realmente se volvió arrogante y autoritario durante el rodaje, puede haber tenido algo que ver con el hecho de que finalmente tuvo un papel destacado en una película de muy alto perfil, bastante alejada de las oscuras películas y series de televisión por las que era conocido. hasta entonces.

Informes del set

Somos afortunados de tener no sólo recuerdos del elenco y del personal de producción, en cuanto a la *Ana de los mil días* rodaje, sino información que se registró durante el rodaje, como entradas en los diarios de Richard Burton en ese momento y entrevistas en el set. Se puede extraer mucho de estas fuentes sobre la atmósfera del set, el enfoque de los actores y realizadores y las relaciones iniciales. Vemos cómo esta película tuvo éxito debido a, o en algunos casos a pesar de, lo que estaba sucediendo detrás de escena.

Fue en el set de otra película de época, centrada en una relación de amor y odio, la adaptación de Franco Zeffirelli de 1967 de la obra de William Shakespeare. *La domesticación de la musaraña*, protagonizada por Richard y Elizabeth, que Wallis discutió los planes para *Ana de los mil días* durante un almuerzo memorable con los dos actores icónicos. Wallis quedó impresionado por la opulencia de las habitaciones privadas de la pareja en los estudios Cinecitta en Italia y su actitud autoindulgente durante el larguísimo y suntuoso almuerzo en el que las estrellas ignoraron los esfuerzos de Franco Zeffirelli y los asistentes de dirección para volver a estar juntos. el conjunto.

Wallis se sorprendió por lo atenta que estaba Elizabeth mientras lo escuchaba hablar sobre el proyecto, considerando que ella no tenía parte en la producción. Pero pasó de la sorpresa al estupor cuando ella finalmente reveló por qué estaba tan interesada en la próxima película. La actriz, que tendría 37 años cuando comenzó el rodaje en 1969, estaba muy ansiosa por interpretar el papel de Anne, que se suponía que sólo tendría 22 años al comienzo de la historia. Además de la diferencia de edad, ella era de un tipo diferente físicamente. Era mucho más voluptuosa que Ana Bolena.

Su anuncio de que debía interpretar a Anne hizo que Wallis se congelara, con el tenedor en el aire. De repente, el productor se encontró en una posición muy incómoda, pero Richard se abalanzó sobre ella y, mientras la miraba a los ojos, puso su mano sobre la de ella y, disculpándose, le dijo a Elizabeth que era demasiado mayor para el papel. Hay que reconocer que manejó muy bien el rechazo en ese momento.

A la luz de la decepción de Isabel por haberle negado el papel de Ana Bolena, Ricardo intentó dejar de interpretar a Enrique. Fue la posibilidad de ser demandado por Universal lo que lo impulsó a seguir adelante.

Si crees en el lado de la historia de Hal Wallis, Richard inicialmente había rogado por el papel de Henry. Cualesquiera que hayan sido sus sentimientos al principio, cuando la filmación estaba a punto de comenzar, Richard se había amargado con el proyecto, por decir lo menos.

Parece haber varias razones para su cambio de actitud. Además del resentimiento por el hecho de que Isabel fuera ignorada para el papel de Ana, era extremadamente crítico con el guión, no podía entusiasmarse con la perspectiva de interpretar a Enrique VIII y estaba atravesando un momento difícil en su vida.

Elizabeth, que estuvo plagada de problemas de salud a lo largo de los años, no solo se había sometido a una histerectomía y a una recuperación traumática el año anterior, sino que ahora padecía hemorroides aparentemente graves, que requerían tratamiento en un hospital. Sin embargo, lo más desalentador de todo puede haber sido el hecho de que tanto él como Elizabeth se habían desencantado del cine y estaban considerando seriamente retirarse.

Una de las razones por las que Richard quería dejar de actuar era porque lo encontraba aburrido, no sólo en las películas sino también en el escenario. Es lógico que una mente tan aguda y activa como la de Richard necesite mucha estimulación, y el aburrimiento en el trabajo podría ser un verdadero problema para él.

Incluso le preocupaba la posibilidad de aburrirse con Genevieve Bujold o el director Charles Jarrott. Pero por más difícil que fuera para Richard lidiar con el aburrimiento, uno de sus peores temores era parecer aburrido ante los demás. Una noche, cuando intentaba mantenerse alejado del alcohol, un comentario de Elizabeth sobre lo aburrido que era cuando estaba sobrio lo impulsó a beber 23 tragos de tequila puro, acompañados de algunas botellas de cerveza Carta Blanca.

Richard también estaba preocupado por si le gustaría y se llevaría bien con Geneviève, recordando los malos momentos que pasó con un par de sus protagonistas anteriores: Lana Turner y, más recientemente, Mary Ure. Richard también estaba preocupado por su propio desempeño. Decidió que su personaje era loco y malvado, al mismo tiempo que reconocía su encanto y su intelecto cínico pero superior.

Sin embargo, tenía la esperanza de que tal vez pudiera hacer algo con el proyecto, viendo aún más potencial, siempre que tanto su protagonista como el director hicieran un buen trabajo.

Cuando llegó por primera vez, Richard se sometió a pruebas de vestuario, una tarea que detestaba, y luego hizo una lectura con todo el elenco. Richard había predicho que la lectura sería dura para Geneviève, en presencia de profesionales tan experimentados; Y al escucharla describirlo años después, parece que quedó bastante asombrada.

Anthony Quayle fue muy cuidadoso y preciso en la lectura de su papel cuando el elenco hizo la lectura inicial. John Colicos leyó sus líneas con una voz notablemente resonante. Richard observó que tanto Quayle como Colicos leían con un estilo extremadamente teatral; y esto impulsó a Richard a leer su parte con voz áspera y a un ritmo rápido, para diferenciarse de ellos.

A Richard le preocupaba que, al escuchar a Geneviève leer su papel, la primera vez, pudiera tener problemas para pronunciar discursos largos, pensó que esto podría remediarse en la sala de edición cortando tomas de los otros actores en la escena y también con un poco de doblaje.

Geneviève poseía el entusiasmo por su papel en la película que Richard carecía por el suyo, ¿y por qué no? Ana Bolena no siempre es representada como una heroína en el cine, pero sí lo fue en esta película; y el personaje era desafiante, especialmente para una actriz en la fase inicial de su carrera.

En una entrevista realizada durante el rodaje, Geneviève reveló que había leído mucho sobre Ana Bolena y que la amaba. Quería darle vida a Anne y hacerla lo más contemporánea posible.

Esta fue también una oportunidad de oro para Geneviève de convertirse en una estrella internacional; mientras que Richard se encontraba en un lugar muy diferente de su vida y carrera y tenía poco que ganar con la película, aparte de su impresionante salario y tal vez otra nominación al Oscar. Pero las posibilidades de que el actor frecuentemente nominado se lleve a casa una de las codiciadas estatuillas deben haber parecido escasas en este momento.

La fe de Hal Wallis en la adaptación de *Ana de los mil días* Parecía evidente cuando lo entrevistaron en el set. Habló de cómo el atractivo de las películas históricas se basaba en el hecho de que trataban sobre la historia y que la cautivadora historia de amor entre Henry y Anne

117

aumentaba el atractivo de esta película, así como el mérito de la propiedad en sí, que se originó como una Juega Maxwell Anderson.

Wallis sintió que era milagroso haber encontrado una actriz tan perfecta para el papel de Ana Bolena. Demostró ser un magnífico guía a la hora de interpretar el personaje, lo que sorprendió a Geneviève. También ayudó a la actriz a prepararse dándole varios libros para leer sobre Ana Bolena y contratando a un entrenador para que la ayudara a dominar el acento. Wallis pensó que el acento francés de Geneviève era un beneficio adicional al elegirla para el papel, ya que Ana había sido educada en la corte francesa, pero quería asegurarse de que el acento fuera principalmente británico con un toque de francés.

Richard parecía muy contento de tener con él a su hija Kate, quien a la edad de 11 años ya parecía muy interesada en el proceso de producción y le dieron un pequeño papel en la película como ayudante de cocina. Fue el primer papel cinematográfico en lo que resultó ser una larga y distinguida carrera para Kate, quien no sólo ha tenido éxito en cine y televisión, sino también en teatro. Liza Todd, que tenía 11 años en ese momento, también tuvo un cameo no acreditado como una criada mendiga.

El cameo de Elizabeth Taylor tiene lugar cuando ella y un compañero masculino, vestido para un baile de máscaras, con el rostro cubierto, corren riendo hacia la capilla del palacio interrumpiendo a Katherine mientras ella está orando. Al descubrir a la reina en un momento muy privado, el personaje de Isabel rápidamente se retira. Incluso disfrazada, Elizabeth Taylor ilumina la pantalla, y no solo por todo el brillo de su máscara.

Hubo algunas secuencias encantadoras de baile de la corte en la película y, al comienzo del rodaje, el 29 de mayo, Richard y Geneviève pasaron la mañana trabajando con dos bailarines de ballet. Estaba fuera de su elemento y se sentía incómodo haciendo un estilo de baile que parecía considerar afeminado, y admitió cierta molestia, culpando a su origen machista y a haber crecido rodeado de mineros por su actitud.

Ya el 31 de mayo, otro día en el que los dos tuvieron que bailar juntos, Richard, quien especuló que ella podría haber estado nerviosa en ese momento, ya estaba empezando a cansarse y aburrirse de Geneviève, según su diario. Probablemente no ayudó a su actitud hacia ella el hecho de que mentalmente continuara comparando silenciosamente a Geneviève con Elizabeth en lo que respecta a la idoneidad de su coprotagonista para el papel, creyendo firmemente que Elizabeth habría sido mejor y que Geneviève simplemente sería adecuada. Sin embargo, al comienzo de la producción encontró a Geneviève mucho más atractiva que en su primer encuentro en París.

Tomó nota de lo pequeña que era Geneviève, en general, aunque la actriz de 5'4 se jactaba de que todavía era más alta que Elizabeth Taylor, que medía poco más de 5'0. Geneviève le recordaba a Richard a Vivien Leigh por su tamaño y el hecho de que era muy atrevida. Cuando Elizabeth lo escuchó comparar a Geneviève con Vivien Leigh, se molestó porque ella misma había sido comparada con Leigh en el

119

pasado, incluso siendo elegida para reemplazarla en la película.*Paseo del elefante*, muchos años antes.

Una cosa que parece haberle gustado de Geneviève fue su franqueza. Cuando sacaron los modelos del decorado hechos de cartón, Geneviève se refirió a ellas como casas de muñecas y dijo que no significaban nada para ella. Richard apreció el comentario y pensó que sonaba como algo que diría Elizabeth.

Richard ya tenía confianza en sus distinguidos coprotagonistas Michael Horderrn, John Colicos y Anthony Quayle. Tenía en especial a Michael Hordern en alta estima, considerándolo uno de los mejores actores del mundo, y era difícil enfrentarse a él, ya que compartir la pantalla con él significaba que un actor tenía que estar en plena forma para poder defenderse.

Según Terence Wilton, quien interpretó a Lord Percy, la actuación de Richard fue muy admirada en el set. Muchos años después de hacer*Ana de los mil días*, Wilton recordó lo similar que era a Enrique VIII. Dijo que los actores mayores del elenco aplaudirían su actuación.

El 21 de mayo, Richard ensayó la canción.*Hasta la vista mi amor* para la película. Le gustó la canción, pero como aficionado le resultó difícil aprenderla en tan poco tiempo, debido a las muchas paradas y comienzos de la canción.

El 23 de mayo, Richard fue a visitar a su hermano Ivor, que había quedado incapacitado tras un accidente en la casa de Richard en Suiza. A Richard le molestó que el viaje desde los estudios Shepperton hasta donde se alojaba Ivor resultara ser mucho más largo de lo que le habían dicho. Llamó al productor asociado Richard McWhorter y le explicó que la jornada laboral casi habría terminado, después de haber visitado a Ivor durante una hora y haber conducido de regreso al estudio. Pero McWhorter le informó que Charles Jarrott y Hal Wallis estaban de acuerdo en que ver a Ivor era más importante, por lo que habían realizado ensayos en su ausencia.

El 27 de mayo fue el primer día que Richard realmente disfrutó ensayando el proyecto. Pensó que era porque había otros actores presentes además de Geneviève Bujold, Anthony Quayle y John Colicos. Pero Richard estaba cohibido por la barba que se había dejado crecer para el papel, pensando que se parecía al bucanero galés Henry Morgan.

Su maquillador iba a trabajar en su barba, que originalmente había crecido en varios colores diferentes, y en su rostro para darle un aspecto más Tudoriano. Sin embargo, Richard realmente no intentó parecerse a Enrique VIII. La ausencia del cabello rojo, que tantos otros actores han lucido para el papel, fue notoria en la representación de Richard.

Richard admitió que los papeles que interpretó influyeron en él en la vida privada y dijo que interpretar a Enrique VIII había exagerado su vena autoritaria. Insistiría en pagar la cuenta durante el almuerzo, enviar a la gente a casa en su coche y pagar la cuenta de las bebidas. Si bien esto pudo haber parecido un poco autoritario, la pomposidad de Enrique seguramente no fue la peor característica del rey tiránico que Ricardo podría haber captado. Pero Richard había luchado por formular su interpretación de Henry y terminó interpretándolo principalmente como una extensión de su propia personalidad.

Geneviève le diría más tarde a la autora Susan Bordo que no es posible poner en un personaje que estás interpretando algo que no exista dentro de ti. Afortunadamente, para la actriz y para la película en sí, este personaje le resultó muy natural y pudo identificarse con Anne de inmediato. También sabía que Wallis había visto algo de Anne en ella cuando la eligió para el papel, lo cual debió haber sido tranquilizador, pero definitivamente tuvo sus propios desafíos en el camino. El diálogo en inglés de Ana Bolena no era familiar para Geneviève, quien no aprendió a hablar inglés hasta los 18 años y se había formado en el teatro francocanadiense.

Había aprendido algo sobre la actuación en su época con el cineasta Alain Resnais, algo que se quedó grabado en ella. Le había enseñado a Geneviève a llevar hasta el final un movimiento y que debía dejar que el personaje se expandiera por completo. La actriz vio este mismo sentido de compromiso en la propia Anne, y vemos un fuerte compromiso con el personaje en la interpretación de Geneviève.

Aunque Richard no era conocido por tener una disposición tranquila, parecía particularmente malhumorado en esa época. *Ana de los mil días* estaba en producción. Probablemente hubo varias razones para esto, incluida su actitud negativa hacia la película y el estrés que padecía debido a los problemas de salud de Elizabeth. Su decisión de reducir el consumo de alcohol durante este período, con la intención de dejarlo, fue probablemente otro factor de su irritabilidad.

Richard, a menudo un pícaro encantador que podía ser el alma de la fiesta en los sets de cine, según él mismo admitió, se había vuelto cada vez más antisocial durante el último año o más y sólo podía relajarse cuando estaba bastante borracho.

El 31 de mayo, el amigo de Richard, Tim Hardy, visitó el Kalizma. Hardy era descendiente de Ricardo III, quien, por supuesto, era el tío materno de Enrique VIII y había sido usurpado por el padre de Enrique en la batalla de Bosworth Field. Hardy le informó de lo gran arquero que era Henry y le demostró a Richard cómo debía hacerlo.

Después de terminar una larga escena con Geneviève el 7 de junio, en la que tenía la mayoría de las líneas, tuvo que hacer una con Anthony Quayle y Michael Hordern. En su diario, Richard elogió a ambos actores por su habilidad y astucia, cada uno aparentemente compitiendo por la atención del público con ingeniosos gestos.

Según Richard, Hordern y Quayle también jugaron con el tiempo en esta escena y la forma en que leyeron sus líneas para despistar a los otros actores. Pero Richard sintió que esto era algo que estaban haciendo inconscientemente, y él mismo se metió en el juego. Dijo que eran muy conscientes de que había que cuidarse a sí mismo cuando la cámara estaba encendida. Richard señaló que la estrella puede ser generosa con otros actores cuando se trata de cosas como esta, pero también sentía la necesidad de estar alerta, especialmente cuando trabaja con verdaderos profesionales como Quayle y Hordern.

Al igual que Richard Burton, la actriz griega Irene Papas, de 43 años, fue otra de los miembros del reparto que se cuestionó si quería o no continuar con su carrera actoral en este momento. Cuando Roger Ebert la entrevistó en Shepperton Studios a principios de julio mientras se estaba filmando *Ana de los mil días*, admitió que pensó en retirarse de la actuación, expresando la opinión de que es bueno cambiar de profesión de vez en cuando. Continuó comparando la actuación con la enseñanza, diciendo esencialmente que era lo mismo y que a medida que uno madura su deseo de enseñar disminuye.

Otra razón por la que estaba considerando cambiar de carrera fue porque quería hacer algo en lo que pudiera poner más de sí misma, y explicó que cuando actuaba siempre se dejaba guiar por el director, incluso si eso significaba interpretar una escena de manera diferente a lo que ella quería. .

El día de la entrevista de Roger Ebert, Irene, que habló con franqueza sobre una amplia gama de temas, desde política hasta cine, pasando por filosofía y cultura, estaba en el estudio para las pruebas de vestuario y pasó por el set para ver la escena entre Richard y Geneviève. , en el que Henry acepta deshacerse de Katherine. Ella le comentó sonriendo a Ebert que personalmente siempre había preferido a Ana Bolena a Catalina de Aragón, razonando que Catalina ya había estado casada con Enrique durante 20 años, entonces, ¿por qué otra mujer no debería tener una oportunidad? Pero luego le dijo a Ebert que no la citara, señalando cuánto amaban los ingleses a la reina Catalina.

Mientras miraban la escena, ella recordó una audición que había hecho años antes para un papel junto a Richard Burton en la película. *Alejandro el Grande*. Ella le dijo a Roger que no consiguió el papel y le explicó que nunca fue elegida para los papeles para los que audicionó porque no le gustaba la idea de ser juzgada.

Una vez terminada la escena, Irene conoció a su director Charles Jarrott por primera vez. También saludó a Liza, la hija de Richard, Geneviève y Elizabeth Taylor, antes de dirigirse a la comisaría del estudio con Roger Ebert para terminar su entrevista.

A mediados de julio, cuando había reducido su consumo de alcohol, Richard estaba sufriendo abstinencia y hablaba en su diario de lo difícil que le resultaba llevarse bien con la gente, incluso con aquellos a quienes respetaba mucho. En ese momento estaba tan aburrido de actuar que sintió que tenía que beber para hacerlo tolerable.

El 29 de julio, el autor y político Sir Alan (A.P.) Herbert fue invitado a un almuerzo de Richard en el Hotel Dorchester. Su nieta interpretaba a una dama de compañía de Ana Bolena en la película. Geneviève dijo que la mujer de 78 años se le insinuó, pero Richard tenía sus dudas y especuló que era una ilusión de su parte.

A mediados de agosto, Richard estaba totalmente aburrido del trabajo en la película y realmente temía las próximas semanas. Durante este tiempo fue excepcionalmente crítico con Geneviève en su diario, por varios motivos. Estaba frustrado porque los esfuerzos de él y sus amigos no habían persuadido a la actriz a creer en su propia deseabilidad.

También se quejó de que frecuentaba discotecas con su marido, Paul Almond, y de que se presentaba al trabajo con un aspecto y un olor terribles y vómitos continuos. No entendía por qué ella no podía verse maravillosa, incluso con muy poco sueño, comparándola, desfavorablemente, una vez más con la diosa del hogar, Elizabeth Taylor, quien, según él, podía parecer fresca en tan solo 15 minutos. dormir. También criticó la paternidad de Geneviève, acusándola de ignorar a su pequeño hijo Matthew.

El lunes 11 de agosto, Richard reflexionó sobre el calor y la humedad recientes, ese día en el que se suponía que debían filmar la escena en la que él y Geneviève estaban juntos en la cama, prediciendo que estaría sudoroso. Cuando piensas en las gruesas mantas de piel que los cubren, es fácil imaginar la incomodidad en un día pegajoso de agosto como ese.

Aunque Elizabeth Taylor tuvo un cameo en la película y estaba casada con el protagonista masculino, hizo escasa su presencia en el set, algo que le sentó muy bien a Hal Wallis. Le agradaba Elizabeth, pero le preocupaba que ella, o más concretamente sus celos, que se habían vuelto bastante evidentes, tuvieran un impacto en el desempeño de Geneviève. Sin embargo, el tiempo lo es todo y probablemente no fue casualidad que, hacia el final de la producción, Elizabeth apareciera inesperadamente, acompañada de su séquito, justo cuando estaban a punto de filmar la escena de la Torre, un día particularmente exigente para Geneviève.

En sus memorias, Wallis relata cómo Geneviève, furiosa, a punto de ocupar su lugar ante la cámara, se volvió hacia Charles Jarrott y hacia él mismo y, refiriéndose a Elizabeth como una perra, dijo que le iba a dar una lección de actuación que nunca olvidaría. Resultó ser una lección de actuación que ninguno de nosotros olvidaría. Y así, parece que el fuego que Genevieve muestra en esa escena icónica fue muy real, lo que significaría que Elizabeth aportó algo más poderoso a la película que su breve cameo como cortesana enmascarada.

Para Hal Wallis era obvio que la visita de Elizabeth había resultado ser una bendición disfrazada, y señaló en sus memorias que rara vez había visto a un actor, a lo largo de su carrera, igualar la habilidad que Geneviève demostró ese día. Y éste era un hombre que había trabajado con muchas de las estrellas de cine más importantes y prestigiosas de todos los tiempos. Tan pronto como realizó esta inolvidable actuación, Geneviève hizo una salida dramática al salir furiosa del set.

Una de las escenas más importantes fue la más trágica, y en completo contraste con la trama romántica que protagonizó la mayor parte de la película, la decapitación de Ana Bolena. En una entrevista en el set, Charles Jarrott explicó que la ejecución de Anne fue inusual y describió la forma en que intentaron recrearla en la pantalla.

Jarrott habló de cómo, típicamente, la persona condenada sube a un andamio, se arrodilla, dice una oración y luego la espada se levanta y baja para cortarle la cabeza. La ejecución de Anne fue diferente porque fue decapitada por un espadachín y ella lo miró cuando él levantó la mano. El espadachín, que resultó ser de Francia, le dijo a su asistente, en francés, que la distrajera, lo que el asistente hizo caminando delante de ella. Cuando se volvió para mirar al asistente, el verdugo bajó la espada.

Jarrott reconoció la crudeza del momento y explicó que querían capturar eso, junto con el aspecto horrible del evento, en lugar de presentar una versión ordenada de la ejecución.

El 21 de agosto, Richard se alegró de que solo faltara una semana más de rodaje. Cuando la producción llegaba a su fin, Michael Hordern organizó una fiesta. Richard se sorprendió de que Michael comenzara la fiesta a las 9 p.m. ya que era necesario que el invitado a la industria cinematográfica se levantara temprano. Cuando terminó el rodaje, se celebró la habitual fiesta de despedida, pero fue una velada dividida:

Elizabeth y Geneviève se encontraban en extremos opuestos de la sala y Richard permanecía al lado de Elizabeth.

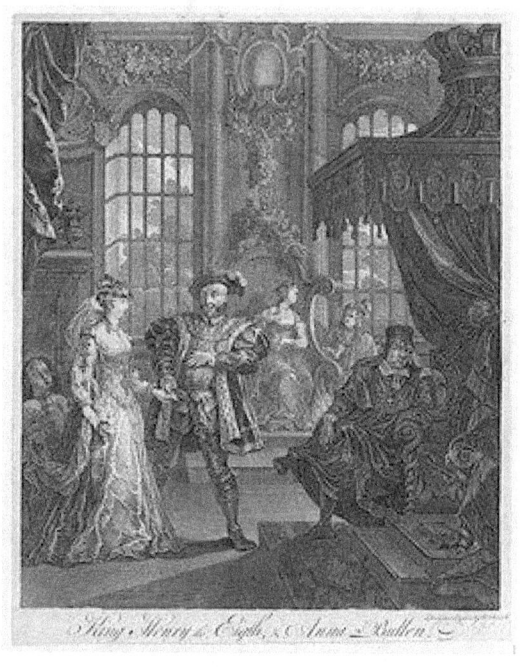

Una obra de William Hogarth alrededor de 1728.
titulado Rey Enrique VIII y Anna Bullen
Guillermo Hogarth[CC0]

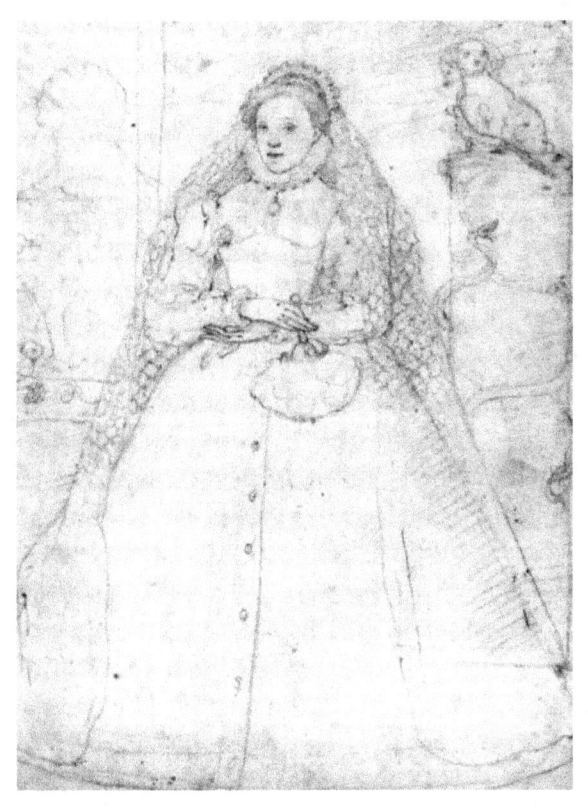

Reina Elizabeth
Un boceto de Isabel I
Federico Zuccari [Dominio público]

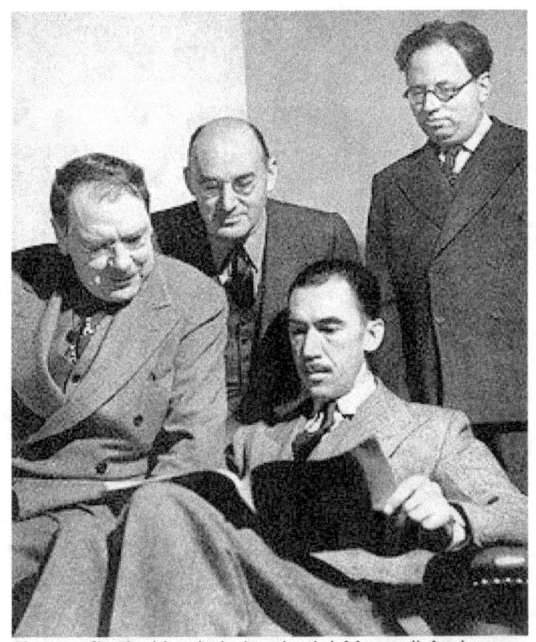

Fotografía de (desde la izquierda) Maxwell Anderson,
S. N. Behrman, Robert E. Sherwood y Elmer Rice,
cuatro de los cinco fundadores de la Playwrights' Company

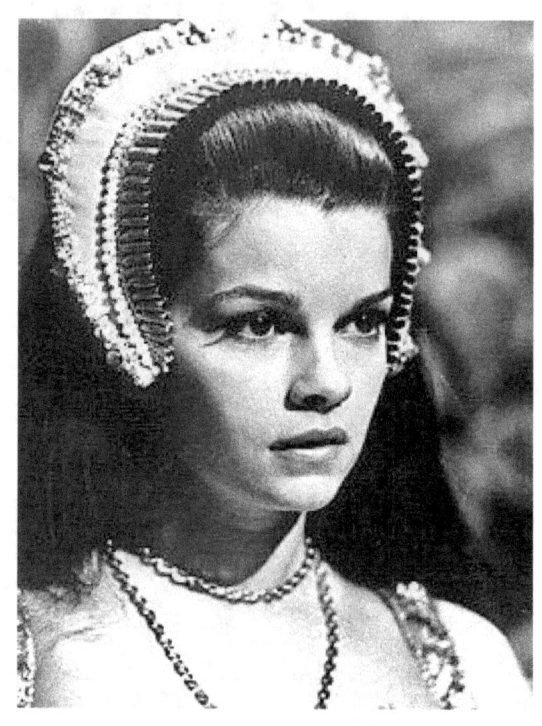

Foto publicitaria de Genevieve Bujold para*Ana de los mil días*
estudio de cine [dominio público]

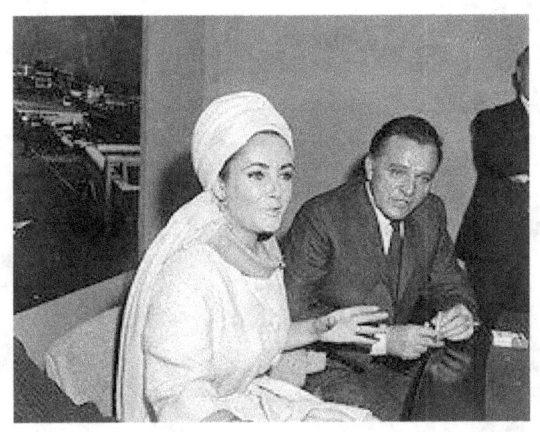

Elizabeth Taylor y Richard Burton (1965)

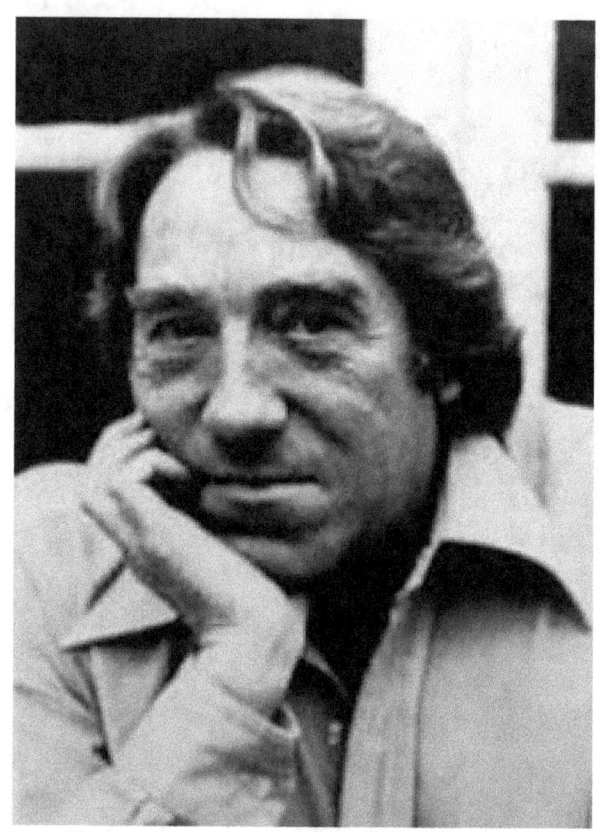
Georges Delerue, compositor de la música de la película.

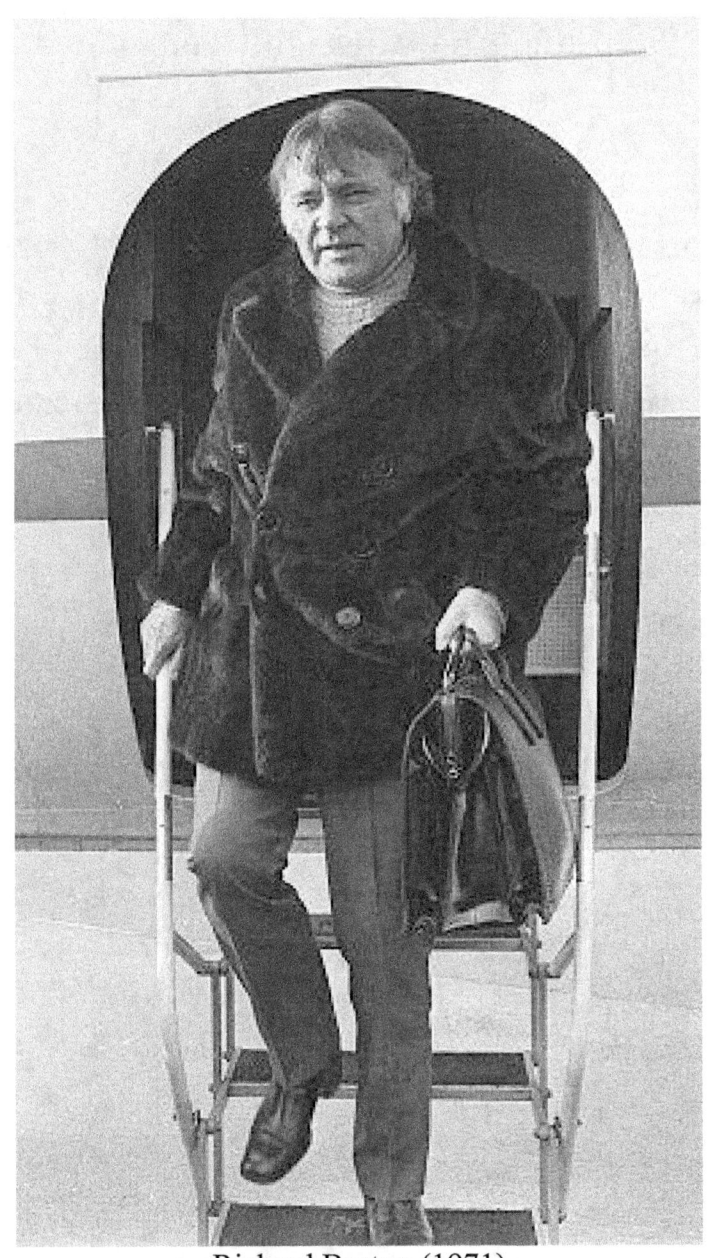

Richard Burton (1971)

Enrique, Ana, Ricardo y Geneviève

Mucha gente da por sentado que hubo un romance detrás de escena entre Richard Burton y Geneviève Bujold, durante y quizás después del rodaje de *Ana de los mil días*. De acuerdo a *El Daily Mail* Este supuesto romance comenzó cuando Elizabeth Taylor tuvo que permanecer en el hospital para recibir tratamiento por almorranas. El hecho de que ambos estuvieran casados con otras personas en ese momento ofrece poco o ningún motivo de duda, considerando que Richard era un adúltero en serie, y Geneviève admitió que dejó a su marido, Paul Almond, porque se enamoró de otro hombre.

Haya o no algo de verdad en los rumores generalizados sobre Richard y Geneviève, tenemos una larga lista de razones para encontrarlos creíbles en nuestras mentes. Definitivamente había química entre los dos. Ambos eran muy atractivos, carismáticos y sexys. Richard estaba pasando por un momento difícil en su matrimonio con Elizabeth y, aunque la pareja disfrutaba de una relación legendariamente apasionada, para entonces ya llevaban juntos unos siete años.

Geneviève, que aún no había alcanzado fama mundial en ese momento, estaba asombrada por Richard Burton. Pero una de las razones más convincentes para creer en los chismes es que eran coprotagonistas que trabajaban en estrecha colaboración y retrataban a amantes. Ha habido tantos actores involucrados en romances en el set a lo largo de los años que es casi una suposición automática, cuando hay química sexual, que la acción real ocurre entre tomas.

Geneviève recordaría un día con humor que la idea de leer escenas de amor con Richard Burton le resultaba aterradora. Esta incomodidad realmente no es sorprendente dadas las circunstancias. No sólo era una gran estrella, sino casi 17 años mayor que ella. Era un ídolo romántico de la matiné en la pantalla y un Casanova fuera de la pantalla.

Cualquier romance de este tipo habría tenido varias cosas en común con la relación de Enrique VIII y Ana Bolena. Al igual que los personajes que interpretaban, había una diferencia de edad sustancial entre Richard y Geneviève. Los dos actores eran considerados muy intensos en la vida real, al igual que sus personajes, lo que podría haber desembocado en una gran historia de amor. Richard, hacia el final del rodaje, se propuso vilipendiar a Geneviève en las páginas de su diario, similar a la propaganda anti-Anne que fue orquestada en gran medida, al parecer, por Enrique VIII o sus secuaces, poco antes de su arresto.

En *Los diarios de Richard Burton* El actor insiste en que no traicionó la confianza de Elizabeth, pero dice que ella no le creería. Hace referencias misteriosas a que el comportamiento de Geneviève los molestó de alguna manera y especula que tal vez fue su intención. Él la critica por ser ambiciosa y habla de lo mucho que le desagrada a la gente, diciendo que él fue quien se encargó de que la trataran como una estrella y que la gente socializara con ella por lealtad a él.

Debido a su vaguedad, hay varias maneras en que se pueden interpretar sus palabras, pero la imagen de un oportunista intrigante, no muy diferente de la percepción que muchos todavía tienen de Ana Bolena, salta de la página.

Sin embargo, estas entradas en particular deben leerse con bastante escepticismo y algunos las perciben como nada más que una tapadera. Sabemos que Elizabeth estaba al tanto de los diarios de Richard, e incluso ella misma los escribió en ocasiones. Si fuera cierto que él y Geneviève estaban teniendo una aventura secreta, habría sido una idiotez por su parte admitirlo por escrito, especialmente en un diario al que su esposa podía acceder tan fácilmente, aunque tendría mucho sentido utilizar un documento así. diario para menospreciar el carácter de Geneviève y proclamar su propia inocencia.

Geneviève no aborda los rumores de que ella y Richard Burton tuvieron una aventura pero, a diferencia de la forma negativa que él la describió en su diario, ella parece tener sólo palabras amables al recordarlo. Sin embargo, ella ha dicho que ella y Richard tomaron caminos separados cuando terminó la película, lo que contradice los informes de que tuvieron una relación larga.

Aparentemente, sin estar seguro de qué sucedió exactamente entre los dos actores, Hal Wallis aventuró que tal vez no haya ido más allá de un coqueteo juguetón. Pero Isabel se tomó el asunto muy en serio. Aunque casi nunca estaba en el set, hizo todo lo posible para vigilar a

Richard, llamándolo continuamente para controlarlo y queriendo saber cuándo estaría en casa.

Puede que Isabel Taylor haya sido la reina de Hollywood durante su época, pero a diferencia de la primera reina consorte de Enrique VIII, Catalina de Aragón, estaba lejos de ser santa. Elizabeth había sido la otra mujer, ella misma, más de una vez, por lo que es natural que sospechara de Richard y Geneviève, especialmente porque su propia aventura con él había llevado a la ruptura de su matrimonio con Sybil.

Elizabeth se preocupó especialmente cuando Richard empezó a referirse a Geneviève como "Gin". Esto fue visto como una señal de alerta, porque en el pasado, solo apodaba a una actriz si se acostaba con ella. Las especulaciones de la prensa de que los dos coprotagonistas estaban teniendo una aventura probablemente no facilitaron las cosas, pero era casi inevitable que hubiera tales chismes, considerando el hecho de que habían pasado varios años desde que Richard tenía otro interés amoroso en pantalla. que Isabel. Si a esto le sumamos la belleza y la juventud de Geneviève y la historia de adulterio de Richard, tiene sentido que muchas personas asuman que su relación fuera de la pantalla no fue platónica.

Incluso si hubiera verdad en los chismes que rodean a los dos coprotagonistas, las consecuencias de cualquier relación que pudieran haber tenido no fueron nada comparadas con las ramificaciones de gran alcance de lo que sucedió entre los amantes que interpretaban en la pantalla. La mera posibilidad de que haya habido un romance adúltero entre Richard y Geneviève es suficiente para capturar nuestra imaginación. Con eso en mente, tal vez sea mejor que no lo sepamos con certeza, pero nos quedemos preguntándonos si la pasión que proyectaban juntos en sus escenas era real.

Vestirse

El vestuario de algunas películas de época es más memorable que otras, pero con *Ana de los mil días*, los disfraces no sólo eran preciosos sino que realmente parecían otro personaje de la película. Es difícil imaginar a los actores de esta película, especialmente a Geneviève Bujold, vestidos con otra cosa que no sean estas exquisitas creaciones. Además de ser un festín para nuestros ojos, estas prendas decadentes, con sus ricas y suntuosas telas y detalles ornamentados, desempeñan un papel importante a la hora de hacer que el espléndido 16th La corte real del siglo XIX cobra vida en la pantalla.

El principal responsable del vestuario que vemos en *Ana de los mil días* fue la consumada diseñadora de vestuario Margaret Furse. Nació en Londres, Inglaterra como Alice Margaret Watts el 18 de febrero de 1911, hija del conocido *Puñetazo* el ilustrador de revistas Arthur G. Watts y su esposa Phyllis Gordon Watts. Se casó con el diseñador de producción y vestuario Roger K. Furse en 1936, lo que la llevó a su carrera diseñando vestuario en el teatro y, finalmente, para películas.

El primer crédito cinematográfico de Margaret fue como asistente de su marido Roger Furse cuando éste hacía el vestuario para Laurence Olivier. *Enrique V* (1944). Más tarde, ella y Roger se unieron en otro famoso proyecto de Olivier, de 1955. *Ricardo III*.

Margaret y Roger finalmente se divorciaron y ella se casó con Stephen Watts (sin relación con la familia de Margaret). Sin embargo, siguió siendo amiga de Roger y una hermosa acuarela que hizo de Margaret durante su matrimonio se encuentra en la colección principal de la Galería Nacional de Retratos de Gran Bretaña en Londres.

Aunque trabajó en muchas películas contemporáneas, Margaret adquirió mucha experiencia en el diseño de vestuario para dramas históricos, entre ellos:*Oliver Twist* (1948) el melodrama victoriano*madeleine* (1950) y epopeyas históricas posteriores como la de Hal B. Wallis.*Becket* (1964) y*El león en invierno* (1968). Tenía un talento particular para crear el tipo de vestuario elegante e increíblemente majestuoso necesario para las películas ambientadas en las cortes reales, lo que la convirtió en una elección obvia para diseñar para*Ana de los Mil Días.*

Aunque Margaret Furse ya había sido nominada a tres premios Oscar en 1969 y tuvo una gran influencia en la siguiente generación de diseñadores de vestuario, Richard Burton fue muy crítico con ella. Elogió mucho los disfraces, pero Margaret no le impresionó y le dio el verdadero crédito a los dos jóvenes que cosieron las prendas. Afirmó que Margaret dependía completamente de lo que encontraba en los libros de disfraces ilustrados y en los cuadros del pintor Hans Holbein de Enrique VIII.

Richard apreció el hecho de que los clientes hubieran elegido las telas más ligeras posibles, pero consideró que el material todavía estaba bastante caliente y predijo que sudaría mucho en los próximos meses. También se quejó de la forma de sus zapatos. Había solicitado que le subieran más arriba del tobillo, porque estaba preocupado por la forma de sus pantorrillas, pero se lo negaron porque esos zapatos no se usaban durante ese período.

Puede que Margaret haya sonado como una estricta con la precisión histórica, pero hoy en día hay críticos que la acusan de ser algo relajada con detalles como la forma de las mangas y el tamaño de los tocados. A Ana Bolena se le atribuye a menudo el mérito de haber introducido la capucha francesa en la corte Tudor, pero hay pruebas de que la hermana de Enrique, María, reina de Francia, fue probablemente la primera dama en llevar esta moda a Inglaterra. Se la ve usando uno en un retrato de boda pintado alrededor de 1516.

Estos tocados redondeados normalmente dejaban la parte delantera del cabello descubierta y tenían un velo negro en la parte posterior. Eran un sustituto de la capucha a dos aguas, que era angular y cubría más parte de la cabeza. Geneviève Bujold luce versiones exageradas del capó francés en muchas de las escenas de *Ana de los mil días*. Su altura y su forma muy redonda han llevado a algunos a compararlo con una aureola. Puede parecer demasiado para quienes están familiarizados con la capucha tradicional francesa, pero el aspecto favorece el rostro de Geneviève.

Puede que Richard Burton no se pareciera mucho a la imagen que tenemos de Enrique VIII pero, gracias en parte a Margaret Furse y su personal, definitivamente parecía un rey. Algunos de sus trajes eran tan opulentos y ricamente adornados que rivalizaban con los que usaban las damas, aunque en su mayor parte eran de estilo masculino. La ropa atenúa la naturaleza audaz y extrovertida de Enrique y también es la vestimenta de alguien que está ansioso por mostrar su estatus y riqueza, lo cual es típico de los reyes en general, y considerando el egoísmo de Enrique, seguramente no fue la excepción.

Naturalmente, el vestuario de los actores secundarios es mucho más sobrio que el de los actores principales, pero muchos de ellos también llaman la atención, como un vestido de seda verde con mangas con elaborados bordados florales usado por Valerie Gearon. Durante la visita de Henry al castillo de Heaver, Michael Hordern y Katharine Blake lucen conjuntos sencillos pero elegantes en gris que combinan con él y ella. Incluso Irene Papas, que parece estar de luto perpetuo como la piadosa Catalina de Aragón, es un poco glamurosa con adornos dorados brillantes añadidos a sus vestidos de matrona, que de otro modo serían oscuros.

Por supuesto, los disfraces más interesantes que aparecen en *Ana de los mil días* fueron los que lució la protagonista femenina, Geneviève Bujold, como era de esperar. Sus vestidos no sólo eran excepcionalmente hermosos, sino que eran un buen reflejo de lo que estaba sucediendo en la vida de Ana Bolena en un momento dado.

Al comienzo de la película, cuando Anne es una joven doncella fresca, se suele ver a Geneviève con sencillos vestidos de niña de colores

146

pastel. A medida que crece su poder e influencia sobre Henry, también crece la magnificencia de su guardarropa. Pronto la vemos desfilar con extravagantes vestidos de seda, satén y terciopelo.

Estos vestidos deslumbrantes suelen ser de colores vivos, como el vestido de zafiro que lleva en la inolvidable escena en la que la violenta discusión entre ella y Henry se convierte en una propuesta de matrimonio. Las brillantes telas doradas utilizadas para la enagua de su vestido marrón oscuro y en los detalles de su vestido blanco de coronación son efectivas para darle una apariencia más regia, propia de una mujer de su gran estatus.

La inquietante banda sonora de Georges Delerue

Evidentemente, la música puede ser un elemento muy importante o, en algunos casos, esencial para el éxito de una película. El prolífico compositor francés Georges Delerue, ganador del Oscar, era consciente de lo poderosa que podía ser la música de una película. Era un maestro en establecer un estado de ánimo en una escena a través del arte de su música, que era su objetivo principal, en lugar de crear temas musicales comercialmente populares. Crear música para el cine, en particular música que mejorara la calidad de una película, era el objetivo en la vida de Delerue y su pasión.

Georges Henri Jean-Baptiste Delerue nació el 12 de marzo de 1925 en Roubaix, Norte, Francia, en una familia de músicos. La música, que comenzó a estudiar al mismo tiempo que aprendía el alfabeto, fue una parte importante de su infancia. La madre de Georges lo inscribió en el conservatorio de música local, donde tocó el clarinete y luego pasó al piano. Sin embargo, su entusiasmo por la música tardaría un tiempo en florecer por completo.

Durante la Segunda Guerra Mundial se vio obligado a abandonar sus estudios para poder ayudar a mantener a su familia trabajando en una fábrica. La escoliosis, complicada por las lesiones provocadas por un accidente de bicicleta, requirió una operación y una convalecencia de varios meses para el adolescente. Fue durante este tiempo de aislamiento que tomó en serio la música y abrazó su destino. Como una mariposa que emerge de su capullo, Georges salió de su encierro, transformado, de joven músico a compositor.

Se le animó a componer para la pantalla desde el principio, cuando era estudiante en el Conservatorio de París, con Darius Milhaud y Henri Busser. Estuvo becado en el conservatorio pero trabajó como pianista de jazz en bares parisinos para poder pagar sus gastos.

Georges tenía todavía veintitantos años cuando empezó a dirigir la orquesta del Club d'Essai para la Radio y Televisión Nacional de Francia. Además, comenzó a componer música para cortometrajes y para teatro, como óperas y ballets. Al final de la década de 1950 se casó con Micheline Gautron, que tenía un hijo de un matrimonio anterior. La pareja también tendría una hija llamada Claire.

En ese momento ya estaba trabajando con directores de cine de primer nivel, incluido Francois Truffaut, quien era un colaborador frecuente. Georges pronto se ganó una reputación prestigiosa que lo hizo muy solicitado entre los cineastas estadounidenses y británicos. Algunos largometrajes destacados que compuso al principio de su carrera incluyen:*Hiroshima Mon Amour*;*Dispara al pianista*; y*julio y jim*.

Unos años antes de*Ana de los mil días*, Georges Delerue compuso para el ya clásico drama histórico*Un hombre para todas las estaciones*. Las dos películas eran similares en el sentido de que ambas trataban de la ruptura de Enrique VIII con la Iglesia Católica Romana para divorciarse de Catalina de Aragón y casarse con Ana Bolena. Sin embargo,*Un hombre para todas las estaciones*Se centró en Tomás Moro y su decisión de enfrentarse al rey. Por esa misma época, Georges hizo la música de la que sería una de las películas más populares de Geneviève Bujold.*Rey de Corazones*. El año anterior*Ana de los mil días* entró en producción, su música para el documental de televisión*Nuestro mundo* ganó un Emmy.

Estaba claro que una epopeya de la corte real ricamente dibujada y llena de gran dramatismo requeriría un talento excepcional. para componer la música. Entonces, Hal Wallis, quien hizo todo lo posible para garantizar que fuera una producción de primer nivel, contrató a Georges Delerue para el trabajo.

Según el propio Georges, no sabía lo que iba a escribir hasta que vio imágenes de la película. Las imágenes despertarían su creatividad. Es fácil imaginar cómo la adaptación cinematográfica de*Ana de los mil días* inspiró directamente la música que escribió para él. Aunque en este caso sí comenzó su trabajo antes de que las cámaras empezaran a rodar para poder integrar la música con la propia producción.

Al escuchar la banda sonora de Georges uno no puede evitar sorprenderse por la cualidad melancólica que está presente en muchas de las piezas que compuso. Su don para las melodías encantadoras ayuda a resaltar el romance agridulce en el centro de la película.

Las piezas de estilo cámara tuvieron un papel importante en la creación de la atmósfera de un 16th corte real del siglo. Wallis fue muy firme en el uso de instrumentos de la época y esto definitivamente contribuyó al sonido auténtico, especialmente temas como *Canción de laúd* así como *Cortes y Bailes de Aire*. Este último se reproduce durante la memorable escena al comienzo de la película, cuando Henry queda encantado por primera vez con Anne, al verla bailar.

La joya de la corona de la banda sonora de Georges es la inquietante *Hasta la vista mi amor*, cuyos acordes se pueden escuchar a lo largo de la película. El propio Richard Burton cantó las voces de *Hasta la vista mi amor*. Richard admitió algunas dificultades al grabar esta desafiante canción, culpando a sus limitaciones como cantante aficionado. Sin embargo, considerando que esto fue después de haber protagonizado el musical *camello* en Broadway durante más de un año, sería exagerado pensar en él como un vocalista aficionado.

Se puede encontrar una clara diferencia en el tema musical que Georges Delerue compuso para Henry en comparación con el que compuso para Anne. El tema de Enrique abarca una gama de extremos: turbulento, pomposo, sensible, que refleja los estados de ánimo del propio rey, mientras que el tema de Ana sigue gradualmente su viaje desde una joven doncella fresca hasta una reina hastiada y calculadora.

Como compositor de más de 350 partituras de películas y televisión, la música era su vida y comprendía perfectamente lo eficaz que podía ser una herramienta de comunicación. A pesar de su inmenso talento y sus

151

numerosos elogios, Georges no era en absoluto arrogante, sino un hombre sorprendentemente modesto, que se mantuvo centrado en lo que era mejor para una película. Su música nominada al Oscar por *Ana de los mil días* no es una excepción. La música no eclipsa la acción en pantalla pero complementa la película. Es un acompañamiento ideal para las hermosas imágenes, el escenario de la Inglaterra Tudor y la trágica historia de amor.

Estreno mundial y temporada de premios

Ana de los mil días se estrenó en Estados Unidos el 18 de diciembre de 1969. A principios de mes, la película había sido proyectada para la prensa de Nueva York y Los Ángeles, quienes respondieron con mucho entusiasmo, según Ed Henry de Universal, quien envió un telegrama a Richard Burton haciéndole saber lo bien recibida. lo había sido. Henry incluso llegó a clasificar*Ana* arriba*león en invierno* y*Un hombre para todas las estaciones*. Richard se mostró cautelosamente optimista en cuanto a que la película resultaría ser un gran éxito. Tenía un interés considerable en el proyecto, más allá de su reputación, ya que su contrato le otorgaba un porcentaje sustancial de las ganancias.

La recepción de la película fue en general positiva, pero definitivamente tuvo su cuota de críticas negativas. Algunos críticos sintieron que el ritmo de la película se parecía más a una producción teatral que a una película. Esto es común entre las adaptaciones cinematográficas de obras de teatro, aunque en algunos casos funciona sorprendentemente bien.

Ana de los mil días A veces era criticado por ser pomposo y aburrido, mientras que era celebrado por su belleza y su jugoso tema. Una cosa en la que la mayoría de los críticos estuvieron de acuerdo fue que la película contó con actuaciones maravillosas, particularmente de Richard Burton y la estrella revelación Geneviève Bujold.

En su diario del 12 de diciembre de 1969, Richard hablaba de la posibilidad de que Geneviève ganara el Oscar si se guardaba para sí sus opiniones negativas sobre Hollywood. Continuó acusándola de ser engreída, especulando que se consideraba la próxima Sarah Bernhardt.

Dadas las circunstancias, la nominación al Oscar de Geneviève no fue una gran sorpresa para ella. Pensó *Ana de los mil días* resultó hermoso y que ella, junto con los demás actores, hizo un buen trabajo. Ella le explicó a *La Gaceta de Montreal* que cualquiera, excepto un tonto, sabría que tienes posibilidades de ser nominado, si eres bueno y actúas junto a Richard Burton en una producción de Hal Wallis.

Hubo una intensa campaña para la película antes de la temporada de premios, y Universal invirtió mucho dinero en promoción. *Tiempo* especuló que sus 10 nominaciones al Oscar se debieron a las cenas y cenas de los miembros de la Academia en 35 proyecciones especiales en las que se sirvió champán y ternera stroganoff. Richard y Elizabeth también hicieron su parte de promoción, ambos fueron a Hollywood y asistieron a eventos; Elizabeth aceptó ser presentadora en los Oscar, cosas que la columnista Liz Smith dio a entender que se hicieron para mejorar las posibilidades de Richard de ganar.

La película fue nominada a los premios Oscar en las siguientes categorías: Mejor Película, **Hal B. Wallis;** Mejor Actor en un Papel Protagónico, **Richard Burton;** Mejor actriz en un papel

principal,**Geneviève Bujold;** Mejor actor de reparto,**Antonio Quayle;**
Mejor música (partitura original, para una película [no un
musical]),**Georges Delerue;** Mejor guión, guión basado en material de
otro medio,**John Hale y Bridget Boland,Richard Sokolove;** Mejor
Cinematografía,**Arturo Ibbetson;** mejor sonido,**Juan Aldred;** Mejor
diseño de vestuario**Margarita Furse;** y Mejor Dirección de
Arte,**Maurice Carter, Lionel Couch, Patrick McLoughlin.**

De todas sus nominaciones, el único Oscar *Ana de los mil días* Lo que
ganó fue Mejor Diseño de Vestuario, que resultó ser el único Premio
de la Academia que recibió Margaret Furse.

En realidad, Hal Wallis estaba compitiendo consigo mismo esa
temporada. su pelicula *Verdadero valor* estaba en contra *Ana de los mil días*
en varias categorías, incluido el de Mejor Actor, y quizás lo más
sorprendente que el hecho de que Richard Burton nunca ganó un
Oscar es que fue superado nada menos que por John Wayne, alguien
considerado mucho más una personalidad de la pantalla que un actor
serio. Para poner las cosas en perspectiva, Wayne también derrotó a los
aclamados actores Dustin Hoffman, Peter O'Toole y Jon Voigt,
quienes eran los otros nominados en esa categoría. Parecería que la
Academia estaba más centrada en el sentimiento que en la gran
actuación en 1970.

Cuando Richard, nominado en seis ocasiones, no pudo llevarse a casa
un Premio de la Academia una vez más ese año, la expresión de

decepción en el rostro de Elizabeth Taylor fue clara cuando subió al escenario y presentó el Oscar a la Mejor Película. *Vaquero de medianoche.*

Aunque Richard había proyectado indiferencia a medida que se acercaba el día de la ceremonia de los Oscar, parece bastante obvio que le importaba ganar y se sintió decepcionado cuando perdió, según la biografía de Taylor-Burton de 2010. *Amor furioso.*

Aparentemente, incluso el propio John Wayne no creía que mereciera ganar. La noche de los Oscar, fue una de las muchas personas que pasaron por el bungalow de Richard y Elizabeth en el Hotel Beverly Hills. El actor borracho se disculpó con Richard por ganar el premio y le arrojó la estatuilla, diciéndole que debería pertenecerle.

En cierto sentido, Richard Burton rió el último esa noche. A pesar de haber sido ignorado una vez más para el codiciado Oscar, Richard no parecía un perdedor en absoluto, ya que él y Elizabeth siguieron siendo el centro de atención. Seguían siendo la fascinante pareja dorada, que atrajo más interés en las fiestas posteriores que los ganadores, con invitados pululando alrededor y a quienes la prensa estaba ansiosa por fotografiar.

Richard Burton y Anthony Quayle también habían sido nominados a los Globos de Oro ese año, pero no ganaron. Sin embargo, la película obtuvo mejores resultados, en general, en los Globos de Oro que en los Oscar. Ganó Mejor Película - Drama, superando a pesos pesados como *Vaquero de medianoche*, *La flor de la señorita Jean Brody*, *Ellos disparan a los caballos, ¿no?* y*Butch Cassidy y el Sundance Kid.* Geneviève Bujold ganó el premio a la Mejor Actriz, a pesar de la dura competencia de nominadas mucho más establecidas como Jane Fonda y Maggie Smith. El recién llegado al largometraje Charles Jarrott ganó el premio al Mejor Director y el equipo de redacción ganó el premio al Mejor Guión.

Cuando Geneviève aceptó su Globo de Oro, le dio crédito a Richard Burton por su actuación, elogiando su amabilidad, ingenio y, en particular, su generosidad. El discurso crea una impresión de su relación que contrasta marcadamente con la imagen que las palabras de Richard pintaron en su diario al final del rodaje; Sólo una cosa más que añade credibilidad a la teoría de que esas anotaciones del diario pueden haber sido una tapadera.

Además de los Oscar y los Globos de Oro,*Ana de los mil días* También estuvo nominada a dos BAFTA en las categorías de Mejor Dirección de Arte y Mejor Diseño de Vestuario, y al premio del Writers Guild of America en la categoría de Mejor Drama Adaptado de Otro Medio.

De todos los honores otorgados a la película, uno de los más prestigiosos fue la proyección de la Royal Command para la Reina de Inglaterra. Hal Wallis en particular debe haber estado emocionado por este evento, dado que era un ávido anglófilo.

Hal Wallis, Charles Jarrot y el escritor John Hale pronto colaboraron en una secuela, 1971.*María, reina de Escocia*, protagonizada por Vanessa

Redgrave como Mary Stuart y Glenda Jackson como Isabel I. Aunque la película fue nominada a cinco premios Oscar, no fue recibida con tanto entusiasmo como su predecesora, careciendo del corazón y muchos encantos que *Ana de los mil días* ofertas. Hoy en día no se recuerda bien. En retrospectiva, parece una decisión acertada que Geneviève Bujold rechazara el papel principal en *María, reina de Escocia* a pesar de que resultó en una demanda por incumplimiento de contrato.

Décadas después de su lanzamiento, *Ana de los mil días* aguanta muy bien. En todo caso, la película es más querida ahora. Cuando se proyecta hoy, el público, incluido el formado por adultos jóvenes, suele tener una reacción muy emotiva. La autora Susan Bordo describió cómo una multitud vitoreó intensamente a Anne durante la escena de la Torre, cuando la película se proyectó en un festival de cine de Richard Burton hace varios años. En una entrevista para *Mojo de taquilla*, Geneviève Bujold recordó lo cautivada que quedó su nieta cuando la llevó a la proyección de la película que formaba parte del ciclo de Artes y Ciencias Cinematográficas "Great to be Nominate". Una joya resplandeciente en el género del drama histórico, *Ana de los mil días* sigue siendo emocionalmente convincente, inspirador, entretenido y sorprendentemente relevante 50 años después.

Realidad versus ficción

Ana de los mil días se basa en la historia pero es una obra de ficción, por lo que es de esperar que haya imprecisiones históricas. Sin embargo, descubrir que la famosa escena de la torre, que fue el punto culminante de la historia y que todavía hoy en día sigue aplaudiendo al público, no ocurrió realmente, es de todos modos decepcionante. El apasionado discurso que tan memorablemente pronunció Geneviève Bujold en la adaptación cinematográfica, en el que regañó a Henry y rechazó su oferta de perdonarle la vida a cambio de una anulación que convertiría a Isabel en ilegítima, es profundamente inspirador.

Independientemente de cómo te sientas acerca de la decisión de su personaje de morir para ayudar a garantizar que su hija sea reina de Inglaterra, ese discurso valiente es una forma muy eficaz de restaurar el poder de Ana; de lo contrario podríamos verla, sobre todo, como una víctima.

La escena también subraya lo mejor que surgió de la tumultuosa relación de Enrique y Ana: el glorioso reinado de Isabel I.*Ana de los mil Días* Aún podría ser entretenido sin esta escena, pero no sería tan significativo ni convincente.

En realidad, el matrimonio de Ana con Enrique fue anulado dos días antes de su ejecución, por lo que ella habría sido plenamente consciente de que Isabel tenía muy pocas posibilidades de ser reina alguna vez, a diferencia de la ficticia Ana, que está tan segura de que su hija heredará el trono y será un gobernante magnífico.

Aunque no hay indicios de que Henry visitara a Anne en la Torre después de su arresto, hay indicios de que pudo haberle ofrecido un trato para salvarle la vida. Una prueba proviene de la propia Ana, en una carta que escribió al rey, insistiendo en su inocencia y la de los hombres acusados. En esta carta, que quizás Henry nunca haya visto, ella parece hacer referencia a algún acuerdo que él propuso.

Según el libro de Susan Bordo de 2013, *La creación de Ana Bolena: una nueva mirada a la reina más famosa de Inglaterra*, Anne tenía la esperanza de que su vida se salvara después de una visita de Cranmer el 16 de mayo, en la que se le podría haber ofrecido la oportunidad de salvarse del cadalso y vivir sus días en un convento si admitía que su matrimonio y la princesa Isabel eran ambas ilegítimas.

Su antiguo amor, Lord Percy, había negado la existencia de un precontrato con Anne, lo que podría haber sido motivo para la anulación de su matrimonio con Henry. Por lo tanto, Cranmer intentaba que Ana admitiera que, antes de casarse, estaba al tanto de la aventura de Enrique con su hermana María. Semejante admisión podría constituir un impedimento para la legalidad del matrimonio de Enrique y Ana.

No hay pruebas de que Cranmer o cualquier otra persona le haya ofrecido un trato, pero el informe de Kingston sobre la alegría y el optimismo de Anne después de su visita son una buena indicación de que le dio alguna razón para esperar que su sentencia fuera conmutada si cooperaba.

Otra libertad tomada en la obra y posteriormente en la adaptación cinematográfica de *Ana de los mil días* es decir que María Bolena y Enrique tuvieron un hijo juntos. A pesar de los persistentes rumores de que Henry posiblemente fue el padre de dos de los hijos que María Bolena dio a luz durante su matrimonio con William Carey, no hay pruebas de ello.

Ana Bolena como icono de la cultura pop

En el mundo actual es difícil para una celebridad o figura pública mantener la atención del público durante más de un breve periodo de tiempo. Realmente significa mucho que alguien que murió hace casi 500 años sea más popular que nunca. Nuestra fascinación por Ana Bolena nunca ha desaparecido realmente a lo largo de los siglos, aunque la forma en que la percibimos definitivamente ha evolucionado en ciertos aspectos.

Cuando lo piensas bien, el estatus de ícono de la cultura pop de Anne tiene sentido, especialmente en el siglo XXI.calle siglo, porque poseía muchas de las cualidades que se alientan y celebran en las mujeres jóvenes modernas. Sin embargo, en la época de Ana, rasgos como la independencia, la asertividad, la curiosidad intelectual, la fuerza, la ambición, la audacia y la individualidad se consideraban poco atractivos en una mujer, lo que la hace aún más atractiva para nosotros, porque fue lo suficientemente valiente como para desafiar las convenciones. de intentar encajar en un 16th molde del siglo de la mujer ideal.

Su negativa a conformarse probablemente contribuyó a su temprana desaparición, pero si no hubiera tenido el coraje de ser ella misma, el legado de Anne no sería lo que es hoy. Ella no seguiría siendo tan relevante, intrigante y provocativa.

Los medios, en sus múltiples formas, han generado más interés que nunca en Ana Bolena. Libros, películas, obras de teatro, televisión e Internet han contribuido a su ascenso al estrellato. El libro completo y revelador de Susan Bordo, *La creación de Ana Bolena: una nueva mirada a la reina más famosa de Inglaterra*, arroja luz sobre la mujer real, al mismo tiempo que explora su personalidad de la cultura pop y el impacto que ha tenido en la sociedad a lo largo de los años. Según Bordo, Anne ha sido una fuente de inspiración para muchas mujeres jóvenes, que la ven como un modelo a seguir. Bordo explica cómo proyectos como el de Showtime *Los Tudor* han impulsado su fama y popularidad entre las generaciones más jóvenes.

Las muchas caras de Anne también son beneficiosas para su longevidad ante el público. Algunas celebridades prolongan su comerciabilidad reinventándose constantemente. Los historiadores, la literatura y los medios de comunicación han hecho esto por Anne. No nos cansamos de ella tan fácilmente como algunas figuras históricas porque ha sido proyectada de diferentes maneras, desde casi santa hasta sirena traicionera. Hemos visto al chivo expiatorio virtuoso e incomprendido, al intelectual sofisticado que era demasiado inteligente para su propio bien, a la seductora tan potente que podría competir con Delilah y Afrodita y, por supuesto, al oportunista intrigante y malévolo. El hecho de que no sepamos con seguridad cuál de estos, o más probablemente qué combinación, se acerca más a describir a la verdadera Anne, la hace aún más interesante.

De hecho, Ana Bolena ha sido parte de la cultura pop durante mucho tiempo, comenzando con novelas románticas, que ficcionalizaron su vida, así como obras de teatro y películas, incluso la ópera.

Los autores han escrito sobre Ana durante más de cuatrocientos años, incluidos historiadores y escritores de ficción, que a veces han sido la misma persona. Una fuente importante de material tanto para ficción como para no ficción centrada en Ana Bolena a lo largo de los años son las cartas del embajador español Eustace Chapuys, quien claramente tenía muchos prejuicios contra ella y se gloriaba de su caída. Es principalmente de estas cartas calumniosas que obtenemos la imagen intrigante y diabólica de Ana.

En la carta del teólogo y reformador Alexander Ales a su hija, Isabel I, recordando a Ana, la mujer virtuosa y de convicciones que pinta no podría ser más opuesta a la imagen de Ana que la que describe Chapuy. Ales también le dio a Anne un crédito sustancial por establecer la religión protestante en Inglaterra, al igual que John Foxe en uno de sus libros pro-Anne, *Los Actos y Monumentos de la Iglesia* (también conocido como *El libro de los mártires*), publicado en 1563, en el que elogiaba mucho su carácter.

La razón principal por la que Anne ha sido una figura tan polarizadora es por las diferencias en la ideología religiosa. Tradicionalmente, los católicos la veían como una hereje villana, mientras que los protestantes a menudo la veían como una heroína, incluso una santa. Mucho de lo que leemos sobre ella, aún hoy, tiene sus raíces en estos dos preceptos opuestos; aunque ambas religiones coinciden en el gran impacto que ella tuvo en la Reforma, razón por la cual probablemente sus sentimientos hacia ella tienden a ser tan extremos de una forma u otra.

El sensacionalista libro de Nicholas Sander de 1585 *cisma inglés* (*El ascenso y crecimiento del cisma anglicano*), posteriormente adaptada a una obra de teatro escolar, ha sido una acusación poderosa y de gran alcance contra Anne desde el ferviente sector católico. La reputación de Anne como seductora manipuladora se remonta en gran medida a este libro.

Escritores como George Wyatt, que escribió una biografía favorable de Ana y la defendió contra las acusaciones de Sander, y George Cavendish, que la difamó en su biografía del cardenal Wolsey, mantuvieron vivo el debate sobre la controvertida reina durante el siglo siguiente.

Los dramaturgos se han inspirado durante mucho tiempo en la historia de Anne, un vehículo teatral ideal. La muy popular obra de John Banks de 1682 *Virtud traicionada* también llamado *Anna Bullen*, lleno de intrigas palaciegas, conspiraciones católicas y melodrama, presenta a Anne como una víctima comprensiva.

William Shakespeare, que fue muy patrocinado por Isabel I y escribió obras que simpatizaban con los Tudor, presentó una Ana en *El Historia famosa de la vida del rey Enrique VIII.*, que quería ser leal a Katherine y prácticamente fue arrastrada al trono contra su voluntad, lo que contrasta profundamente con la frecuente descripción de ella como una ambiciosa oportunista.

La obra, que es una de las obras menores de Shakespeare, podría haber sido mejor recibida si hubiera desarrollado el personaje de Anne, pero puede haber sido que Shakespeare evitó desarrollarla, lo que probablemente habría significado hacerla más humana y exponer sus defectos. Teniendo en cuenta que ella era la madre de su benefactora, fácilmente podría haberse sentido obligado a retratar a Ana de la manera más halagadora, a pesar de que Isabel llevaba muerta 10 años cuando la obra se representó por primera vez en 1613.

Al igual que Ana de Shakespeare, en la versión de ella de la exitosa obra de Tom Taylor de 1875, Ana simpatiza con la reina Catalina y lamenta haber tomado su lugar. Puede que no nos quede claro si la verdadera Anne se compadeció de Katherine o sintió algún verdadero remordimiento por el papel que tuvo en la caída de la Reina, pero es más fácil para el público apoyar a la Otra Mujer cuando ella se muestra reacia y posteriormente arrepentida por sus acciones.

La amada de Gaetano Donizetti *ana bolena* se representó por primera vez en 1830. Fue una de las cuatro óperas de la era Tudor que compuso Donizetti, tres de las cuales trataban sobre reinas. Ambientada en 1536, *ana bolena* Cubre el período entre la ruptura de la relación de Anne y Henry y su ejecución. Esta ópera ha seguido siendo popular y ha sido protagonizada por divas tan icónicas como Maria Callas y Beverly Sills.

Una de las primeras escritoras en novelar la historia de Ana fue Marie Catherine Le Jumel de Barneville, también conocida por su seudónimo Madame d'Aulnoy. Este autor, a quien a veces se le atribuye la invención del género de cuento de hadas (creado originalmente para adultos), escribió una historia centrada en Ana Bolena a finales del siglo XVII.th siglo. Estaba preparada para escribir un libro como este porque, al igual que la propia Ana, d'Aulnoy estaba adelantada a su tiempo. La autora escribió con frecuencia sobre mujeres jóvenes inteligentes e ingeniosas que están siendo maltratadas por figuras de autoridad paterna. El libro que escribió titulado:*Las novelas de Isabel, reina de Inglaterra, que contienen la historia de la reina Ana de Bullen*, trataba mucho más sobre Anne que sobre su hija Elizabeth y no se diferencia de un oscuro cuento de hadas. Convertir a Anne en la protagonista de una historia como esta fue innovador porque en realidad no había heroínas femeninas trágicas en la literatura de esa época.

Una joven Jane Austen se inspiró en Ana Bolena, la elogió y defendió, mientras denunciaba rotundamente a Enrique VIII, en*La historia de Inglaterra*, que Austen compuso en 1791, cuando sólo tenía 16 años. Muchos años después de las reflexiones de colegiala de Austen, vino otra apasionada defensa de Ana, su biografía de 1821 escrita por Elizabeth Benger titulada*Memorias de la vida de Ana Bolena*. Le da a Anne mucho crédito por la Reforma y rechaza la imagen de ella como una seductora en busca de poder. Benger es probablemente el primer autor que explora la cuestión de las expectativas de género en un análisis de la relación de Anne y Henry.

Ana Bolena ha sido un tema popular en las novelas de principios del siglo XX.th siglo en adelante.*El favor de los reyes*(1912) de Mary Hastings Bradley es una novela bien investigada que mostró franqueza para su época, describiendo una relación sexual prematrimonial entre Henry y Anne. En lugar de demonizarla o canonizarla, como solían hacer los autores, Bradley quería humanizar a Anne, lo que hizo en su descripción relativamente identificable de ella como una joven vulnerable, mientras intentaba profundizar en la psique de una Anne juvenil y presentar su historia desde una perspectiva muy personal.

Durante la libre década de 1920, Ana Bolena era particularmente identificable con las jóvenes atrevidas, enérgicas y algo liberadas conocidas como flappers, y este lado de su personalidad se destacó en la literatura. También fue durante esta época que las descripciones y representaciones artísticas de su apariencia física, es decir, figura esbelta y tez oscura, se volvieron más precisas a medida que estos rasgos estaban ahora más de moda.

Anne continuó siendo una figura comprensiva y agradable en la mayoría de las representaciones literarias durante muchos años pero, a medida que se acercaba la saludable década de 1950, una de las novelas más famosas sobre la reina deshonrada, el lascivo libro de Margaret Campbell Barnes de 1949,*Breve hora llamativa: una novela de Ana Bolena*, resucitó su imagen de hábil manipuladora sexual y oportunista.

No sorprende que los cineastas se apresuraran a adaptar la historia de Enrique VIII y Ana Bolena. Una de las primeras películas, centrada específicamente en Anne, fue la película muda de 1920 del muy respetado cineasta Ernst Lubitsch, en la que ella fue interpretada por Henny Porten. La cautivadora producción con sus vívidas caracterizaciones hace honor a su lema: "La verdadera historia del corazón de Ana Bolena".

La exóticamente bella y sensual Merle Oberon interpretó a Ana Bolena en una memorable película biográfica dramática de 1933.*La vida privada de Enrique VIII*, que narra los últimos cinco matrimonios del rey y presenta la interpretación caricaturesca pero icónica de Enrique VIII de Charles Laughton.

La luchadora heroína de Joyce Redman en*Ana de los mil días* fue un éxito entre los espectadores, pero la versión franca y apasionada de Maxwell Anderson de "El gran asunto del rey" no se consideraría apropiada para el cine hasta que una nueva generación alcanzara la mayoría de edad. Sin embargo, a finales de 1969, cuando el nerviosismo y el realismo en las películas estaban de moda,*Ana de los Mil Días,*A pesar del tema escandaloso, no fue recibido con tanto entusiasmo como probablemente lo habría sido varios años antes.

La producción glamorosa y elegante, que en muchos aspectos se remonta a la Edad de Oro de Hollywood, generó críticas mixtas. Pero una cosa en la que la mayoría de los críticos estuvieron de acuerdo fue en que Geneviève Bujold hizo una actuación excelente. Al ver la producción hoy, es su encarnación de Anne la que más se destaca y continúa cautivándonos.

Después de investigar a Anne, en preparación para el papel, Geneviève tuvo una actitud alegre y enérgica hacia la mujer que estaba interpretando, debido en parte a la independencia de Anne y su sentido de sí misma, dos cualidades que se manifiestan vívidamente en su interpretación. Anne de Geneviève fue oportuna para finales de la década de 1960 y pudo resonar entre las feministas.

La actriz ayudó a separar a Anne de la propaganda sexista y profundamente despectiva que había comprometido su reputación durante su vida y mucho después de su muerte. Trabajando dentro de la caracterización de Max Anderson, ayudó a reemplazar la imagen de Anne como una ramera intrigante, que manipulaba sexualmente su camino hacia el trono, por una mujer fuerte, valiente, digna y agradable a la que podíamos admirar en muchos aspectos.

La interpretación de Geneviève de Ana Bolena bien podría ser la más querida y convincente de todos los tiempos, pero estas cosas son subjetivas y ha habido otras actrices que fueron muy populares en el papel. Décadas después *Ana de los mil días*, en una entrevista con la autora Susan Bordo, a Geneviève Bujold le resultó imposible nombrar una actriz contemporánea que elegiría para interpretar a Anne, o que le hiciera justicia al personaje, admitiendo a regañadientes que sentía que el papel le pertenecía. Muchos de sus fans sienten lo mismo.

La talentosa Philippa Gregory, que ha escrito varias novelas históricas entretenidas ambientadas en la Corte Tudor, fue en parte responsable del resurgimiento del interés por Ana Bolena durante la primera década de la década de 2000, con su jugosa lectura.*La otra Bolena*, que se lanzó en 2001 y se convirtió en un gran éxito comercial y de crítica. Sin embargo, algunos críticos han encontrado fallas considerables en el libro debido a lo que podrían considerarse imprecisiones históricas importantes. Por supuesto, se llama ficción histórica por una razón: tenemos que esperar que se tomen libertades, pero las novelas de Gregory se someten a un estándar diferente porque ella ha hablado repetidamente sobre la importancia que le da a la precisión histórica cuando escribe este tipo de ficción. libro.

Además de los eventos encontrados en*La otra Bolena* que se derivan de rumores o son inventados por Philippa Gregory, algunos lectores están preocupados por su caracterización de Anne, que revive a la zorra depredadora, manipuladora y despiadada representada en la antigua propaganda católica y en las cartas de su enemigo, el embajador Chapuys.

La imagen de Ana Bolena ha evolucionado mucho a lo largo de los años. en el 20th En el siglo XIX comenzó a afianzarse una visión alternativa de ella. En lugar de ser siempre percibida como una villana unidimensional o una víctima indefensa, en algunas obras fue celebrada como una mujer valiente, enérgica, inteligente y liberada, injustamente calumniada e incomprendida en su propio tiempo, que es digna de admiración y respeto. El enfoque de Gregory en la muy controvertida personalidad de chica mala de Anne amenazaba con socavarla como alguien que en realidad podría ser un modelo positivo a seguir.

La adaptación cinematográfica de 2008 de *La otra Bolena*, escrito por Philippa Gregory y Peter Morgan, va aún más lejos al convertir a Anne en una víbora despreciable y antipática. No es de extrañar que Natalie Portman, quien la interpretó en la película, no pudiera identificarse con el personaje. Es probable que la mayoría de los cinéfilos sintieran lo mismo. Pero donde esta versión de Anne puede no haber logrado inspirar a las mujeres jóvenes, la encarnación de ella interpretada por Natalie Dormer en la serie de Showtime. *Los Tudor*, tuvo éxito. La admiración de la vida real y la conexión emocional que Dormer sentía por Anne fueron sin duda parte de lo que hizo que su actuación fuera tan poderosa.

Dormer, que está bien informado en materia de historia, se esforzó por asegurarse de que Anne fuera retratada con la mayor precisión posible. Cuando audicionó para el papel con su color natural de cabello, rubio, Dormer asumió que si la elegían, tendría que teñirlo, que es exactamente lo que hizo tan pronto como le notificaron que tenía el papel, solo para descubrir Nuestros productores habían planeado que ella interpretara a Ana Bolena como una rubia.

Los ejecutivos de Showtime estaban muy descontentos con que se convirtiera en morena y ella temía que la obligaran a usar una peluca rubia para el papel. No se trataba sólo de ser históricamente exacto. Dormer sintió que era importante interpretar a Anne oscura porque era algo que contrastaba con el ideal de belleza de 16.th Inglaterra del siglo. Sin embargo, Anne estaba notablemente segura de sí misma a pesar de su cabello y tez oscuros y pasados de moda. Dormer explicó sus sentimientos al presidente de entretenimiento de la cadena de cable, Bob Greenblatt, quien finalmente aceptó dejarla interpretar el papel de morena.

El sexo era una parte importante de *Los Tudor* y la razón principal por la que Dormer obtuvo el papel fue por la química que tenía con Jonathan Rhys Meyers, quien fue elegido como Henry, pero resultó que Dormer hizo una contribución mucho mayor a la serie que las chispas en pantalla con su protagonista. Como defensora de Ana Bolena, Dormer estaba angustiada por la práctica del programa de reciclar estereotipos sensacionalistas negativos, que la encasillaron como la clásica Otra Mujer durante la primera temporada del programa.

La forma más positiva en la que se presentó a Anne en *Los Tudor* La segunda temporada se debió en gran parte a las aportaciones de la propia Dormer, quien convenció al creador y escritor de la serie, Michael Hirst, para que fuera más justo en su descripción de ella. El sensual personaje de repente se dotó de un impresionante intelecto, astucia política y se dedicó seriamente a la causa reformista. También se mostró su lado maternal, algo que queda muy eclipsado por otros aspectos de su persona.

El hecho de que aceptemos fácilmente el estereotipo de Anne como una puta calculadora y destructora de hogares, y que tantos autores se

173

hayan salido con la suya al retratarla como tal, basándose aparentemente en fuentes muy sesgadas o en pruebas muy dudosas, dice mucho sobre la prevalencia de actitudes sexistas en nuestra cultura. Pero de la misma manera, la popularidad de una versión alternativa, Ana la heroína, que ha ido ganando fuerza, al menos desde mediados de los años 20.th siglo, indica el progreso que hemos logrado para derribar los estereotipos sexuales.

Es más fácil identificarse con Anne que el típico ícono feminista, en parte porque es refrescantemente humana y sus defectos son muy visibles. También es más intrigante que muchas de las mujeres que son consideradas modelos serios durante 21 años.^{calle} hembras del siglo.

Una de las cualidades más entrañables de Anne y que, junto con su espíritu e independencia, la ayudan a ser un ícono de la cultura pop relevante para la era moderna, es su sentido del humor, a menudo irónico.

El notable ingenio de Ana Bolena fue parte de su encanto y nos ayuda a identificarnos con ella hoy. Es especialmente impresionante cómo fue capaz de mantener su sentido del humor incluso en los momentos más difíciles. Después de ser arrestada y llevada a la Torre, Anne le preguntó al agente Kingston si iba a morir sin justicia y, a pesar de su intensa ansiedad en ese momento, tuvo que reírse a carcajadas en respuesta a la seguridad de Kingston de que incluso los súbditos más pobres del Rey tuvo justicia.

Su humor también salió a la luz durante el juicio cuando los testigos testificaron sobre los comentarios que ella y su hermano George hicieron, burlándose de la poesía y el vestuario de Henry. El ejemplo más famoso de su ingenio fue poco antes de su ejecución, cuando dio a entender que su pequeño cuello debería facilitar la decapitación.

Nuestro interés en Ana continúa hoy con libros, obras de teatro, películas y series de televisión sobre esta controvertida reina o que la presentan de manera destacada, quien ha demostrado ser una de las figuras históricas culturalmente más perdurables de todos los tiempos. Una explicación simple que la mayoría de los fanáticos y críticos de Anne aceptarían es que ella era una mujer colorida, atrevida, progresista en su pensamiento y comportamiento, que fue significativamente responsable de provocar un cambio monumental en la sociedad a través de su participación en la Reforma religiosa. Su legado multifacético entretiene, inspira y, hasta cierto punto, da forma a nuestro mundo en un sentido mucho más amplio. Por lo tanto, nuestra fascinación por Ana Bolena prospera quizás eternamente.

Bibliografía seleccionada

Libros, publicaciones periódicas y sitios web

Adams, James. "Geneviève Bujold a los 70 años: 'Soy libre frente a la cámara'".*El globo y el correo*. Publicado el 2 de mayo de 2013. Actualizado el 11 de mayo de 2018. https://www.theglobeandmail.com/arts/film/genevieve-bujold-at-70-im-free-in-front-of-the-camera/article11680566/

Anderson, Hesper.*South Mountain Road: el viaje de descubrimiento de una hija*. Nueva York: Simon & Schuster. 2000.

Anderson, Maxwell.*Ana de los mil días*. Nueva York: Servicios de juego de dramaturgos,
Inc. 1977.

Los archivos de Ana Bolena.
https://www.theanneboleynfiles.com/category/the-tudors/

Bell, Joseph, N. "Geneviève Bujold: una estrella en ascenso".*La Gaceta de Montreal*. 19 de junio de 1970. https://news.google.com/newspapers?id=2osyAAAAIBAJ&sjid=Ibk FAAAAIBAJ&pg=1134,4849351&dq=she-didnt-really-enjoy-anne-the-first-time&hl=en

Benger, Elizabeth.*Memorias de la vida de Ana Bolena, reina del rey Enrique VIII*. Londres: A. y R. Spottiswoode, 1821.

Borde, Susan.*La creación de Ana Bolena: una nueva mirada a la reina más famosa de Inglaterra*. Boston y Nueva York: Houghton Mifflin Harcourt, 2013.

Burton, Richard, editado por Williams, Chris.*Los diarios de Richard Burton*. New Haven y Londres: Yale University Press, 2012.

Carrádice, Phil. "La muerte de Richard Burton".*bbc*. 5 de agosto de 2014. https://www.bbc.co.uk/blogs/wales/entries/ce7834d3-1e40-3389-855a-02392d9c0549

"Cine: El león en otoño".*Tiempo*. 2 de febrero de 1970. http://content.time.com/time/magazine/article/0,9171,878191,00.html

Collins, Glenn. "Sir Anthony Quayle, actor y director de teatro británico, muere a los 76 años".*Los New York Times*. 21 de octubre de 1989. https://www.nytimes.com/1989/10/21/obituaries/sir-anthony-quayle-british-actor-and-theater-director-dies-at-76.html

Dowd, Maureen. "Richard Burton, 58 años, está muerto; Escenario libertino y estrella de la pantalla". 6 de agosto de 1984.*Los New York Times*.http://movies2.nytimes.com/learning/general/onthisday/bday/1110.html

Ebert, Roger. "Entrevista a Irene Papas". ROGEREBERT.com. 13 de julio de 1969. https://www.rogerebert.com/interviews/interview-with-irene-papas

Fox, John.*Los actos y monumentos de John Foxe*. Los historiadores de la Iglesia de Inglaterra. vol. V. Londres: Beeleys, 1857.

Sitio web oficial de Georges Delerue. http://www.georges-delerue.com/

Gregorio, Felipa.*La otra Bolena*. Nueva York: Pocket Star Books, 2007.

Holleran, Scott. "Primer plano: la actriz Genevieve Bujold".*Mojo de taquilla*.13 de abril de 2007. https://www.boxofficemojo.com/features/?id=2290&p=.htm

IBDB. Ana de los Mil Días. https://www.ibdb.com/broadway-show/anne-of-the-thousand-days-1612

Ives, Eric.*La vida y muerte de Ana Bolena*. Malden, MA: Blackwell Publishing, 2005.

Kashner, Sam y Schoenberger, Nancy.*Amor furioso: Elizabeth Taylor, Richard Burton y el matrimonio del siglo*. Nueva York: It Books, 2011.

Klein, Alvin. "Mantener vivas las obras de Maxwell Anderson".*Los New York Times*. 3 de mayo de 1998. https://www.nytimes.com/1998/05/03/nyregion/keeping-alive-the-work-of-maxwell-anderson.html

Cargas, David.*El Seis esposas de Enrique VIII*. Gloucestershire, Reino Unido: Amberley Publishing Plc, 2009.

Maxwell, Robin.*Señorita Bolena*. Nueva York: Nueva Biblioteca Americana, 2007.

Mowis, I.S. "Mini biografía de Anthony Quayle".*IMDB*. https://www.imdb.com/name/nm0703033/bio?ref_=nm_ov_bio_sm

Mullin, Michael.*Diseño de Motley*. Newark: Prensa de la Universidad de Delaware. Londres: Associated University Press, 1996.

Sander, Nicolás. El*Ascenso y crecimiento del cisma anglicano*: Londres: Burns y Oates, 1877.

Shepherd, Melinda, C. "Charles Jarrott, director británico".*Enciclopedia Británica* https://www.britannica.com/biography/Charles-Jarrott.

Escalofríos, Alfred, S.*La vida de Maxwell Anderson*, Nueva York: Stein y Day, 1983.

Stein, Sadie. "Un viaje de descubrimiento".*La revisión de París*. 4 de septiembre de 2015. https://www.theparisreview.org/blog/2015/09/04/a-journey-of-discovery/

Wallis, Hal y Higham, Charles.*Starmaker: La autobiografía de Hal Wallis*. Nueva York: Macmillan Publishing CO. INC., 1980.

Windeler, Robert. "Soy inseguro pero fuerte".*Gente*. 20 de marzo de 1978. https://people.com/archive/cover-story-im-insecure-but-strong-vol-9-no-11/

Vertedero, Alison.*Isabel de York: una reina Tudor y su mundo*, Nueva York: Ballantine Books, 2014.

Material visual

Entrevistas y material documental.

Detrás de escena de la producción de 'Ana de los mil días'. 1969, rodaje en el castillo de Hever con entrevistas a Geneviève Bujold, Hal Wallis, Richard Burton. Filmando con Anthony Quayle. Storyboards y vestuario. Huntley Film Archives, película nº 227.

La colección Carolyn Jackson, nº 58 - Entrevista con Charles Jarrott. 1977.

El show de Dick Cavett. Richard Burton: Parte 1 y 2. 1980.

Entrevista de Michael Parkinson con Richard Burton, 23 de noviembre de 1974, Archivo BFI.

Largometrajes y Dramatizaciones Televisivas

Ana de los Mil Días; Becket; Casablanca; Círculo de Dos; Cleopatra; Rey de Corazones; María, Reina de Escocia; Mi prima Raquel; Mi Bella Dama; Asesinato por decreto; La otra Bolena; Pobre niña rica: la historia de Barbara Hutton; El hacedor de lluvia; La Sombra de la Torre; El espía que surgió del frío; La fierecilla domada; Los Tudor; Tom Jones; ¿Quién le teme a Virginia Woolf?

www.ingramcontent.com/pod-product-compliance
Lightning Source LLC
Chambersburg PA
CBHW071203290526
45796CB00008B/120